Matthias Reuter
Mäh!

MATTHIAS REUTER

Mäh!

Geschichten aus intelligenten Schwärmen und anderen Krisenherden

SATYR VERLAG

MATTHIAS REUTER

ist Ruhrgebietssatiriker, Liederschreiber, Cartoonist und skurriler Geschichtenerzähler. Er tourt mit seinen Kabarettprogrammen durch die Republik und gewann 2011 den Jurypreis »Tegtmeiers Erben«. »Mit souveräner Gelassenheit greift Reuter Themen von der Straße auf und steht damit in bester Tradition eines Jürgen von Manger«, begründete die Jury ihre Entscheidung.
2012 gewann Reuter ein Bügeleisen. www.matthiasreuter.de

Veröffentlichungen:
»Auf Schwarz sieht man Alles« (Audio-CD, 2010)
»Schrecken des Alltags« (WortArt, 2011)

3. Auflage März 2023

© Satyr Verlag Volker Surmann, Berlin 2013
www.satyr-verlag.de

Illustrationen & Cartoons: © Matthias Reuter
Coverfoto: Simone Bandurski, www.simograph.de
Fotobearbeitung: Sebastian Mölleken, www.moelleken-fotografie.de
Druck: AALEXX Druck Produktion, Großburgwedel
Printed in EU

Die Deutsche Nationalbibliothek verzeichnet diese Publikation in der Deutschen Nationalbibliografie; detaillierte bibliografische Daten sind im Internet abrufbar über: http://dnb.d-nb.de

Die Marke »Satyr Verlag« ist eingetragen auf den Verlagsgründer Peter Maassen.

ISBN: 978-3-944035-16-1

INHALT

Vorwort 7
Noch ein Vorwort 11

Teil 1: Geschichten, bei denen man nichts lernen kann

Korso 14
Ich fühl mich so Leer in Ostfriesland 21
Jutta (ein Klagelied in C-Moll) 29
Künstler 32
Wie die Zeugen Jehovas sich zu der Planungsentscheidung
genötigt sahen, ein Wohnhaus in Oberhausen-Osterfeld für
immer von der Landkarte ihrer missionarischen
Bestrebungen zu streichen 37
Herr Behrens 46
Gut versichert 52
Ein Kindergeburtstagsgospel 57
Muttertag 61
Rabeneltern 66

Teil 2: Infotainment ohne Ranga

Wieder ein Vorwort 76
Wat?!? 82
Reuters Gebrauchtwörterhandel – Folge 1:
Schwarmintelligenz 86

Krisenherden und Geburtstagsvorbereitungen 93
Gesamtschulsolarstrom 97
Reuters Gebrauchtwörterhandel – Folge 2: Salamitaktik 99
Das Fahrradnavigationsgerät. Ein Urlaubsausflug mit
der Familie Krächert 104
Chinesischer Humor III
Reuters Gebrauchtwörterhandel – Folge 3: Prequels, Sequels
und Crossovers 114
Schwarmintelligenz 2 119
Ein Huhn mit Schnee füllen 119

Teil 3: Geschichten, bei denen man überhaupt nichts lernen kann

Angela und Moe 130
Frühling in der Systemgastronomie 135
Herbstglück 142
Autokauf im Tiefschnee – ein Verbraucherbericht 143
Umziehen 152
Der Panther (Method Acting) 156
Der wichtigste Mann 161
Der Bauchredner 167
Ein Feind, der zu mir passt 172
Der Nazi und ich 174
Das Hühnchen 179
Das Paket 183

Nachwort 187

VORWORT

Noch ein Vorwort

Guten Tag!

Mein Name ist Matthias Reuter, und ich habe dieses Buch geschrieben, beziehungsweise ich schreibe es gerade. Im Auftrag eines raubtierkapitalistischen Schafs. Eine Situation, die ich mir auch ganz anders vorgestellt hätte.
Aber was sollte ich machen? Sehen Sie mal, ich bin Musikkabarettist und komme aus Oberhausen. Kennen Sie Oberhausen? Um es kurz zu machen: Die Stadt ist sympathisch, aber bankrott. Im Jahr 2013 lag die Pro-Kopf-Verschuldung bei 8.184,71 Euro. Da ist es ja fast logisch, dass bei der Künstlerförderung neue Wege gegangen werden müssen. Das Schaf hatte Geld. Ich musste meine Miete bezahlen. Fertig. Trotzdem hätte ich mir den Vertrag vorher mal richtig durchlesen sollen. Denn über meine Mietzahlungen hinaus gibt es für meine komplette Arbeit, und jetzt halten Sie sich fest: nix! Keinen Cent! Einmal pro Halbjahr bekomme ich einen kratzigen Pullover. Im Sommer zusätzlich eine Badehose. Aus Wolle. Da hat das Goethe-Institut sicherlich komfortablere Fördermodelle. Nuja. Dafür habe ich aber komplette künstlerische Freiheit. Ich kann schreiben, was ich will.
Weil es dem Schaf vollkommen egal ist.
Hier, gucken Sie mal: wwwwwwwwwwwwwwwwwwwwwwww
Das war jetzt vierundzwanzig Mal der Buchstabe w. Jeder andere hätte diese Stelle sofort rausgestrichen. Nicht das Schaf. Es lektoriert den Text, indem es vorne ein paar Schnapsflecke draufmacht. Dann kriegt der Verlag das Manuskript. Und der steht, glaub ich,

in einem ähnlichen Knebelvertragsverhältnis zum Schaf wie ich und druckt das dann einfach ab. Du meine Güte!

Für vier Bücher und acht CDs habe ich den Vertrag unterschrieben. Das kann dauern. Egal. Immerhin hab ich was zu tun. Und Sie als Leser beziehungsweise -in natürlich auch. Wie sagt man: Win-Win. Wenn man das Schaf noch dazunimmt, dann Win-Win-Win. Wir haben Beschäftigung, und das Schaf kriegt die Kohle.

Ich bin jedenfalls froh, dass Sie sich dieses Buch angeschafft haben. Ich hoffe, es bereitet Ihnen ein wenig Freude. Machen Sie das Beste draus. Wenn Sie bei den abgedruckten Liedern Mitklatschen wollen, dann ist das für mich kein Problem. Da ja alle öffentlich-rechtlichen Fernsehsender ihre Sendungen mittlerweile ans Frühlingsfest der Volksmusik angleichen, will ich mich dieser Entwicklung auch nicht völlig verschließen. Also legen Sie los. Klatsch klatsch klatsch klatsch. Auch ist es Ihnen natürlich erlaubt, laut zu jubeln und zu applaudieren, wenn Ihnen mal eine Geschichte besonders gut gefällt. Ich rate Ihnen aber, sich vorher zu vergewissern, dass Sie sich nicht in einem Bus oder einem Krankenhaus befinden. Im ersten Fall könnte man Sie rauswerfen, im zweiten dabehalten, was auch nicht viel angenehmer ist. Lesen Sie nicht beim Autofahren, wenn Sie der Fahrer sind. Grundsätzlich habe ich übrigens auch nichts dagegen, wenn Sie zu den Texten tanzen. Eine entsprechende Schulbildung vorausgesetzt, kann das ästhetisch sicher ein Gewinn für das Buch sein. Doch auch hier gilt: Überprüfen Sie Ihr Talent, bevor Sie die Öffentlichkeit suchen. Wie schnell ist man in Bohlens Fängen und muss bei RTL rumhängen. Schließen Sie keinen Vertrag mit einem Schaf ab, es sei denn, Sie sind Schäfer. Und wenn Sie zufälligerweise Nahrungsmittel gegen kratzige Wollpullover tauschen wollen, dann schicken Sie mir bitte eine E-Mail an: *info@matthiasreuter.de*

Ansonsten: Viel Spaß!
Matthias Reuter

TEIL 1:

Geschichten, bei denen man nichts lernen kann

KORSO

»Ja, parkt eure Kack-Karren am besten noch enger zusammen, damit hier überhaupt keiner mehr durchkommt!«

Es war eigentlich nicht ihre Art, im Leichenwagen zu fluchen, aber zum einen hatte sie ja noch keinen Fahrgast, weil sie sich auf der Hinfahrt zum Trauerfall befand, zum anderen standen die hier wirklich zu nah zusammen, und zum Dritten war sie sauer, denn man hatte sie vom Grillen weggeholt. Sicher, als Bestattungsunternehmer ist man praktisch immer im Dienst. Man kann ja den Leuten schlecht sagen: »Lasst den Oppa noch bis zum Ende von Waldis EM-Club liegen. Ich hab gerade 'n Hähnchenschnitzel auf dem Grill.« Aber heute hätte sie wirklich gerne mal komplett freigehabt.

EM-Viertelfinale Deutschland – Griechenland. Bombenwetter. Alle Nachbarn eingeladen. Extra die Leinwand im Garten aufgebaut. In der neununddreißigsten Minute schießt Lahm dann das erste Tor. Superstimmung! Mannmannmann. Den Lahm fand sie immer schon gut. Weil der so klein und so niedlich ist. Und ganz bestimmt auch total leicht. Weil der nämlich auf sein Gewicht achtet und Sport treibt, der Lahm. Und mal 'ne Möhre isst statt 'nem Kotelett. Ganz im Gegensatz zu den bierbäuchigen Wildecker Herzbuben, die sie manchmal in ihren Wagen laden musste.

So was geht ja auch in die Arme. Meistens machte das dann ihr Mann Werner. Aber der hätte heute eben nicht mehr fahren können, denn der hatte ja Bier getrunken. Mit dem, und daran würde sie ihn in den nächsten Wochen bei jeder Gelegenheit auch

noch mal erinnern, also mit dem vollkommen blödsinnigen Argument: »Wenn Deutschland spielt, dann stirbt keiner.«
Ja. Hömma! Wenn ich die Fenster putz, dann regnet's nicht, oder was? Schwachsinn. Dem Jogi Löw traute sie ja eigentlich eine Menge zu. Nee, auf den ließ sie nichts kommen. Über fünfzig Jahre alt. Gewicht höchstens fünfundsiebzig Kilo. Der hatte dem Podolski ein paar verständliche Vokabeln beigebracht und mal 'nen Anzug angezogen. Alles sehr gut. Aber neunzig Minuten lang die bundesdeutsche Sterblichkeit aufhalten? Ohne Ballack? Und mit einem angeknacksten Schweinsteiger im Mittelfeld? Das konnte man auch vom Löw nicht verlangen. Jürgen Klinsmann – der hätte das gekonnt. Aber der war ja jetzt bei den Amis. Und da ist es ja noch schwerer, die Sterblichkeit aufzuhalten, weil die da ein schlechteres Gesundheitssystem haben. Der Jürgen Klinsmann, der sucht halt immer die maximale Herausforderung, dachte sie sich. Aber zum Glück hatte sich der Oppa ja zumindest zum Ende des Spiels verabschiedet. Alle deutschen Tore hatte sie wenigstens noch mitgekriegt. 4:2 Endstand, hörte sie den Radiomoderator sagen. Einen Handelfmeter hatten die Griechen noch reingemacht. Mensch, dachte sie, das sei ihnen gegönnt. Die haben so viele Schulden, da sollen sie doch wenigstens noch den einen Elfmeter haben. Sonst geht doch bei denen die Stimmung völlig den Bach runter.
Langsam fuhr sie mit dem Leichenwagen auf den Hof der Familie Schuster.

BUMM!
Ein lauter Knall vorne auf der Motorhaube. Sie erschreckte sich fast zu Tode. Und dachte im selben Moment daran, wie dämlich das klang: »Die Bestatterin erschreckt sich zu Tode.« Das ist ja was für's Witzbuch. Oder noch besser als Zeitungsmeldung: »In ihrem Leichenwagen erschreckte sich die Bestatterin Ingrid Sasselfeld, 47 Jahre alt, nach dem Fußballspiel Deutschland gegen

Griechenland zu Tode.« Das ist 'ne Meldung, die sich Leute gegenseitig beim Frühstück vorlesen.

»Deutschland is der geilste Club der Welt!«, sang es von der Motorhaube. Ingrid war beruhigt. Sie hatte befürchtet, sie hätte einen Hund überfahren.

»Sagen Sie mal, wissen Sie, wo ich die Familie Schuster finden kann?«, rief sie aus dem Fenster.

»Fußball is unser Leben, denn König Fußball regiert die Welt. Wir kämpfen und geben alles, bis das ein Tor nach dem andern ...«

»Entschuldigung, wo ist die Familie Schuster?«

»Mein Schwager is dahingden inner Garage. Wennsien Bierwolln, is rechtsssimm Kühlschrank. Mein Schwager is der, der so besoffen is ... Owwohl, eigentlich sinnniallle lattenstramm!«

Tatsächlich hatte sich die Bestatterin den Trauerfall in der Familie Schuster anders vorgestellt. Im Grunde sah es hier gerade so aus wie bei ihr selbst zu Hause im Garten, nur besoffener. In der Garage hing eine Leinwand. Vor der Leinwand standen etwa fünfzehn Personen und sangen Lieder, in denen die Worte »Schland«, »Schweini«, »Jogi« und »Poldi« vorkamen. Und auf der Leinwand sah man Oliver Kahn und Katrin Müller-Hohenstein. Und deren Gespräch war ganz offensichtlich das einzig Tote, was man hier finden konnte.

»Hören Sie mal«, sagte Ingrid in die Garage.

»Wir wollen den Klose sehn, wir wollen den Klose sehn, wir wollen, wir wollen, wir wollen den Klose seh'n« war das Einzige, was zurückkam.

»HALLO! HÖREN SIE MAL! WER VON IHNEN HAT BEI UNS ANGERUFEN UND EIN BESTATTUNGSUNTERNEHMEN BESTELLT? MEIN NAME IST SASSELFELD! BESTATTUNGEN SASSELFELD!!!«

Auf der rechten Seite der Garage meldete sich ein etwa achtzigjähriger Mann zu Wort: »Das war ich! Guten Tag. Egon Schuster.«

»Ja, Sie leben aber noch.«

»Das will ich doch hoffen«, sagte der alte Mann, der zwar ganz offensichtlich auch angetrunken war, aber im Vergleich zum Rest hier noch beinahe als nüchtern durchging.

»Na, und was soll ich dann hier? Wissen Sie, bei uns zu Hause wird vielleicht auch Fußball geguckt. Warum zum Geier jagen Sie mich durch die halbe Stadt?«

»Um mich abzuholen ...«

»Dazu sind Sie aber zu lebendig. Seh ich aus wie'n Taxi oder was?«

»Nein. Ein Taxi kriegt man momentan auch gar nicht. Ich habe eine halbe Stunde versucht, eins zu rufen. Da bin ich auf Sie gekommen. Ich kenne Ihr Auto. Sie haben noch diesen schönen, alten, länglichen Mercedes.«

Ingrid war ein kleines bisschen geschmeichelt. Sie waren tatsächlich das einzige Bestattungsunternehmen der Stadt, das noch so einen Leichenwagen fuhr.

»Ja, aber warum warten Sie denn nicht einfach noch 'ne Stunde ab? Dann gibt's doch bestimmt wieder'n Taxi. Und in der Zwischenzeit hauen Sie sich wie alle anderen hier schön einen in die Kirsche ...

»Ja, aber es muss ja jetzt gleich sein«, sagte der alte Mann. »Ich hab's meinem Enkel versprochen.«

»Was?«

»Dass wir im Autokorso mitfahren. Ich hatte ihm gesagt, dass wir das machen, wenn Deutschland gewinnt, aber jetzt sind hier halt alle zu blau. Ich kann auch nicht mehr so gut fahren, und da ist mir einfach nichts anderes mehr eingefallen, als Sie anzurufen. Ich zahl Ihnen das natürlich auch. Der Junge is erst vier. Wir könnten ihm sagen, dass Sie eine spezielle Fußball-Limousine haben.«

»Fußball-Limousine ...« Entgeistert guckte Ingrid Sasselfeld sich um. Das war hier bestimmt versteckte Kamera oder so was. Da erblickte sie einen völlig verheulten kleinen Jungen mit 'nem Podolski-Trikot und einem fußballähnlich bemalten Softball in der Hand, der in der Mitte der Garage traurig alleine herumstand.

»Isser das?«, fragte sie.
»Ja«, sagte der alte Mann. »Das isser.« Und dann rief er laut: »Felix, komma zum Oppa, die Frau mit der Fußballlimousine ist da!« Und das Kind war wie ausgewechselt! Glücklich rannte es auf die beiden zu und umarmte die Beine der Bestatterin. »JUHUUU!«, rief es und »Danke, Opa! Danke«. Dann sah es den Leichenwagen und machte: »Booooaaah! Ist der schön. Boah, ist der schön.« Und Ingrid Sasselfeld war besänftigt. »Zweihundert Euro«, raunte sie dem Opa zu und machte dem Enkel die Beifahrertür auf.

»Lu-Lu-Lu, Lukas Podolski! Lu-Lu-Lu, Lukas Podolski«, grölten beide im Chor, als der Leichenwagen aus der Einfahrt der Schusters in die Straße einbog. Die Stimmung der Fahrgäste war so ausgelassen wie noch nie zuvor beim Bestattungsunternehmen Sasselfeld. Das steckte an. »Ach, scheiß drauf«, dachte sich Ingrid und beschloss, einfach mal ein bisschen mitzufeiern.
Dabei gab es allerdings ein Problem. Zwar hatte man ausreichend Fähnchen und eine Hupe, war also für einen Autokorso nicht schlecht gerüstet. Aber es gab hier auf der Straße keine anderen Autos. Das ging natürlich nicht. Ein richtiger Autokorso setzt ja das Vorhandensein mehrerer Autos voraus, wie es zum Beispiel auch eher unüblich ist, völlig allein eine Sitzdemonstration in der Innenstadt durchzuführen.
Also mussten sie mit dem Wagen dorthin, wo die Stadt in weiser Voraussicht die Autokorso-Fahrstrecke für die Fans abgesperrt hatte. Der schnellste Weg dahin führte aber durch die Fußgängerzone. Und diese war nun wiederum ebenfalls von der Polizei gesperrt worden.
Daher machte Ingrid Sasselfeld Herrn Schuster einen unüberbietbaren Vorschlag: »Sie legen sich hinten rein, und wir tun so, als wär das ein Notfall.«
Der Alte nölte: »Muss das unbedingt sein?«
»Ja. Haben Sie's Ihrem Enkel jetzt versprochen oder nicht? Da

muss man eben auch mal 'n bisschen Einsatz zeigen. Nehmen Sie halt 'nen Fisherman's Friend in den Mund, und versuchen Sie, ein bisschen toter auszusehen.«
Egon Schuster kletterte in den Transportsarg. Den Deckel ließen sie offen, und dem Kind erklärten sie, dass es ganz traurig gucken müsse, wenn die Polizei kommt.
Und die Polizei kam. Schon beim Versuch, in die Fußgängerzone hineinzufahren, wurden sie angehalten. »Ein tragischer Fall«, erklärte Ingrid dem Polizisten. »Der Kleine war mit seinem Opa beim Public Viewing und dann hat sich der alte Mann so über das Tor von Klose gefreut, dass er einfach umgefallen ist. Herzinfarkt. Wir müssen schnellstmöglich zu den Eltern.«
Der kleine Felix guckte dabei extra traurig und schaffte es sogar, ein paar Tränen zu weinen, aber da war auch viel Vorfreude dabei.
Der Polizeibeamte ließ den Leichenwagen sofort durch.

Hundert Meter weiter befestigten sie die Fähnchen am Wagen und fuhren dann durch die Altstadtfußgängerzone. An jeder Kneipe gab es ein großes Hallo. Es war ein bisschen wie beim Karnevalszug, bloß mit besserer Stimmung.
Überall sangen die Fans Lieder wie »Leichenwagenfahrer, oh, ohohoho« und »Oléééé, Leichenwagen, uh-ah, fahr uns direkt zum Pokal.«
Ingrid Sasselfeld fuhr sehr langsam. Sie war ja auch hinten schon besetzt. Da durfte sie schon aus platztechnischen Gründen keinen umfahren, dachte sie sich.
Und der kleine Felix durfte mehrfach hupen. Er war ganz sicher das glücklichste Kind, das jemals mit seinem Opa im Kofferraum eines Leichenwagens eine Menschenmenge angeführt hatte.
Besonders gut kam es bei den Zuschauern immer wieder an, wenn Egon Schuster die hintere Tür des Wagens aufmachte und aus dem Sarg heraus mit einer kleinen Fahne winkte. Das führte zu begeisterten Ausrufen und jubelnden Hymnen wie: »Mach

„Wenn Deutschland spielt, dann stirbt keiner...

den Oppa wach! Mach den Oppa wach. Jogi, mach ihn wach. Mach den Oppa wach.« Und Ingrid dachte sich, dass ihr Mann irgendwo recht gehabt hatte:
Wenn Deutschland spielt, dann stirbt keiner.
Wie sie nun aber versuchten, das der Polizeistreife an der Ausfahrt der Fußgängerzone zu erklären, das ist eine ganz andere Geschichte. Dazu sei nur so viel gesagt, dass den kompletten übernächsten Monat Ingrids Mann den Wagen fahren musste.
Dafür waren sie aber, die Bestatterin, der kleine Felix und Egon Schuster, am nächsten Tag deutschlandweit in jeder Zeitung, was für die Werbewirkung so enorm war, dass Ingrid Herrn Schuster sagte, er könne seine zweihundert Euro behalten.

Und ein paar Tage später, am 28.6.2012, war sich der kleine Felix völlig sicher, dass, wäre der Oppa an diesem Tag bloß noch ein zweites Mal hinten in der schwarzen Fußballlimousine in die Metallkiste geklettert, die deutsche Mannschaft in jedem Fall die Italiener im Halbfinale geschlagen hätte.

ich fühl mich so leer in Ostfriesland

»Wenn es möglich wäre, dann würde ich nur noch bei mir gegenüber in der Kneipe auftreten. Viermal, ach was, nee, lieber nur zweimal im Monat. Und jedes Mal müssten ein paar steinreiche Finanzmagnaten an der Theke sitzen, die aus Gründen gelangweilten Reichtumsüberdrusses bei der anschließenden Hutsammlung jedes Mal grundsätzlich pro Person fünfzehntausend Euro in den Hut werfen mit entsprechend guten Immobilien-Anlage-Tipps, die ich dann umsetze, sodass ich ab meinem fünfunddreißigsten Lebensjahr den Auftrittsrhythmus auf ein Mal im Jahr reduzieren kann. Und zwar dann auch nur noch bei mir in der Wohnung und nicht mehr in der Kneipe. Und nicht soooo weit entfernt vom Schlafzimmer, weil ich ungern so lange Strecken laufe. Diese Auftritte wären dann alle überhaupt nicht mehr öffentlich, sondern nur noch für die Finanzmagnaten zu sehen, die nur dann absagen dürfen, wenn sie einen Boten vorbeischicken, der die fünfzehntausend Euro an der Tür abgibt. An der Tür vom Schlafzimmer.«
Diese Aussage stammt tatsächlich von mir. Und sie ist wahr. Jedenfalls war sie 2009 wahr, morgens um 7.50 Uhr am Bahnhof von Leer (Ostfriesland).

Normalerweise fahre ich sehr gerne zu Auftritten und äußere mich immer mal wieder kritisch zum Finanzmagnatentum, aber an diesem Morgen war ich nicht mehr der Hausherr meiner Gefühle, denn ich hatte insgesamt nur etwa zwanzig Minuten geschlafen und überhaupt nichts gefrühstückt. Und wenn du in einer solchen Situation deine Gefühle mal für sich allein, also sozusagen frei arbeiten lässt, dann tanzen sie tief in dir

drin die grässlichsten Gruppentänze. Und zwar solche Tänze, wie sie sonst nur auf den Jubiläumsfeierlichkeiten aggressiver Schlammcatch-Ikonen getanzt werden und sonst nirgendwo. Und – was soll ich sagen – wenn deine Gefühle beginnen, sich solchen Tanzschritten zuzuwenden, dann ... lass das Telefon besser aus. Steck's in die Tasche. Geh nach Hause. Nimm ein Bad. Lies ein Asterix-Heft. Aber keins von den neuen. Geh erst wieder raus, wenn deine Gefühle dem Pogo abgeschworen haben.
Und vor allen Dingen: Versuche erst gute vier Jahre später, den Menschen zu erzählen, wie es überhaupt dazu gekommen ist.

Diese Gelegenheit möchte ich heute, im Jahr 2013, wahrnehmen und von der Nacht vom 12.6. auf den 13.6.2009 berichten. Und zwar – das ist mir sehr wichtig – ohne jeden Groll. Einfach so, wie wenn ich von einem Urlaubstag berichtete.
Und das war es ja auch erst einmal: ein Urlaubstag.
Denn der Auftritt war ohne Gage. Und alle Fahrten zu Auftritten ohne Gage sehe ich als Urlaubsreisen an. Das macht das Ganze vom Gefühl her irgendwie schöner. Ich könnte mir ja auch jedes Mal vorstellen, dass ich auf Montage fahren muss. Das wär dann aber gedanklich 'ne schlechtere Ausgangslage.

Also fuhr ich am 12.6.2009 in den Urlaub. Nach Leer in Ostfriesland. Um den Menschen dort bei einer neuen Leseveranstaltung etwas vorzutragen. Und zwar völlig vorurteilsfrei. Ich bin ja keiner von denen, die annehmen, dass in Ostfriesland ausschließlich bräsige Bauersuchtfrauen wohnen, die Glühbirnen dadurch einschrauben, dass sie andere Bauern auf 'nen Tisch stellen und im Kreis herumdrehen. So ein Schwachsinn wird doch von den gleichen Schubladenfetischisten verbreitet, die auch der Meinung sind, dass es im Ruhrgebiet ausschließlich Tauben züchtende ehemalige Bergleute gibt, die alle aussehen wie eine Mischung aus Herbert Knebel und Kalle Grabowski und die tagtäglich

»nache Maloche« »anne Bude« hocken, »Pilsken« schlürfen und jeden, der an ihnen vorbeigeht, immer, ständig und ohne Unterlass fragen, wo er denn so »wechkommt«. »Wo kommse wech?« Das sagt bei uns kein Mensch. Das Gleiche gilt für die Begriffe: »lurig« (für »müde«), »Fürzepüppel« (für »kleine Menschen«), »verkasematuckeln« (für »eine große Portion gierig verspeisen«), »Rickiticki« (für »im Kreise älterer, schunkelnder Menschen Trubel und gute Stimmung erleben«) oder »Mamma tucketucke« (für »Immer mit der Ruhe!«)
Sowas steht alles im »Lexikon der Ruhrgebietssprache«. Das weiß aber in Oberhausen keiner. Weil bei uns keiner das Lexikon gekauft hat. Dieses Nachschlagewerk wird nämlich ausschließlich an Touristen verkauft, die dann nach Oberhausen kommen und versuchen, mit den Leuten in der Ruhrgebietssprache zu kommunizieren. Und keiner weiß, was sie wollen, wenn sie den Verwandten schon am Bahnhof sagen, dass sie jetzt erst mal lurig sind und dann noch innet Pullefass wollen, bevor sie sich die Klüngel anstroeppen, um dann mit Kawupp noch orntlich Rickiticki machen zu können, denn sie kommen ja »gerade aus Emden wech« und jetzt wär's Zeit für Bubu, weil – Haha – »wer Bubu macht, der macht kein' Kokolores.« Hömma!!!
Die Oberhausener Verwandten werfen sich vielmehr heimliche Blicke zu, die besagen: »So sind sie, die Ostfriesen – keine Sau kann sie verstehen.« Und so isses ja auch wirklich kein Wunder, dass man die Ostfriesen hier für schwachsinnige Ureinwohner hält. Aber die können da nix für. Dafür ist alleine der Autor des Lexikons der Ruhrgebietssprache verantwortlich.
Und der kommt aus Bottrop.

Zurück nach Leer:
Ich betrete den Veranstaltungsort, ein schönes ehemaliges Zollhaus in der Nähe des Hauptbahnhofs. »Und? Wo komms du wech?«, fragt mich die ostfriesische Veranstalterin an der Theke.

Ich sage: »Guten Tag.«
»Hasse Bohnen inne Kellen?«, sagt sie. »Wo kommse wech?«
1A. Sie hat auch das Lexikon gekauft. Danke, Bottrop.
Ich sage: »Ich kann Sie nicht verstehen. Sind Sie krank?«
Sie hält mich für einen Hochstapler.
»Und ich dachte, du kommst aus dem Ruhrgebiet.«
Ich beschließe, ihr einen Gefallen zu tun und mitzumachen.
»Jawollo. Ein Pilsken bitte. Bin von Oberhausen wech und hier in Leer auffe Vorlese-Maloche. Mannmannmann. Wo issen dat Pullefass, Ihr Fürzepüppel?«
Sie sieht mich etwas angewidert an.
Offenbar hat sie nicht das komplette Lexikon gelesen.
»Bitte?«
»Na – wo bin ich denn heute Nacht untergebracht?«
»Ach so«, sagt sie und zeigt in Richtung einer Treppe. »Da hoch. Am Ende des Speichers ist ein Zimmer. Da kannste pennen.«
Ich klettere die Stufen hoch. Ihre typisch ostfriesische Achtung vor der selbstständigen Arbeit anderer Menschen verbietet der Veranstalterin, mir beim Gepäck zu helfen. Stattdessen brüllt sie mir hinterher: »Stolper nicht über die Ausstellungsstücke!«
Während ich noch darüber nachdenke, was damit jetzt nun wieder gemeint sein könnte, stolpere ich über ein Ausstellungsstück. Es ist eine Wanne voll mit etwa tausend Plastikeiern. Ich nehme eins und klopfe es gegen die Wanne. Es sind doch keine Plastikeier. Alles klebt. Ich stecke ein zweites Ei ein, um mal nachzufragen.
Es ist sehr dunkel hier auf dem Speicher. Überall steht Müll herum, der aber an anderen Müll drangeschraubt ist, sodass ich die Vermutung habe, dass es sich um Kunst handeln könnte. Ich finde eine Couch.
Neben der Couch ist ein anderthalb Quadratmeter großes Loch im Boden. Durch das Loch kann man auf die Tanzfläche in der Etage darunter blicken. Ich nehme ein drittes Ei und lasse es fal-

len. Es macht Plötsch. Ich tippe auf 3,20 Meter Deckenhöhe. Das Loch ist wohl früher mal dazu da gewesen, Säcke mit Tee auf den Speicher des Zollhauses zu ziehen. Heute halt Wannen voller Eier. Das ist der Strukturwandel in Ostfriesland. Ich beschließe, mein Handy mit eingeschalteter Taschenlampe neben das Loch zu legen, damit ich nachts nicht auch Plötsch mache.
Unten frage ich die Veranstalterin nach den Eiern.
»Ja. Das is auch so 'ne Sache«, sagt sie mit leiernd-leidender Stimme. »Das ist ein Exponat des niederländischen Künstlers Bart van Moeffen aus Rotterdam. Besser nicht allzu nah dran gehen, wegen der Salmonellengefahr. Das steht da jetzt seit ungefähr zwölf Wochen, und wir haben bisher keinen Käufer dafür gefunden. Der Bart van Moeffen wollte das ja eigentlich vor 'nem Monat abholen, aber irgendwie ist wohl sein Handy kaputt. Wir kriegen den einfach nicht mehr dran. Das Kunstwerk heißt: 7-8-9 Eier, weil genau 789 Eier verarbeitet wurden. Kostet auch genau 789 Euro.«
»786 Euro«, denke ich und wasche mir sehr gründlich die Hände am Wasserhahn hinter der Theke. Sie wittert eine Chance: »Hast du Interesse an 7-8-9 Eier? Ich glaube, ich kann dir das auch so verkaufen und Bart das überweisen. Ist aber für Selbstabholer.«
Ich sage, dass ich Taubenzüchter bin und deswegen keine ungeborenen Vögel ausstellen darf. Sie versteht das und sagt: »Ah, cool.«
Dann kriege ich noch ein Pilsken, nehme meine Textblätter und geh auffe Maloche. Ich sage an diesem Abend sehr oft, wo ich wechkomme und kriege dafür jedes Mal als Dankeschön ein Pilsken.
Zum Abschluss singe ich das Steigerlied und rufe »Glückauf«. Stimmung wie bei Grönemeyer.
Als alle Wunderkerzen verloschen sind, sage ich der Veranstalterin, dass jetzt genuch is mit Rickiticki, weil ich Bubu machen will. Sie sagt mir, dass sie selbst mit ihrem Freund zusammen drau-

ßen in einem VW-Bus vor der Tür übernachtet. Ich frage mich, warum. Hinten auf dem Speicher sind ja mehrere Zimmer. Dann klettere ich rauf, lege meine Handytaschenlampe zwischen das Bodenloch und die Eier und schlafe ein. Knapp dreißig Minuten später wünsche ich mir auch einen VW-Bus.
Durch das Loch im Boden kann man auf die Tanzfläche der sogenannten »50plus-Party« blicken. Das macht mir optisch überhaupt nichts aus. Ich habe ja keinerlei Probleme mit dem Altern. Ich finde das sogar ganz lustig: Rechts in der Badewanne altern die Eier, und unten eiern die Alten. Hahaha. Es sind auch gar nicht so viele da. Jedenfalls kann ich kaum welche durch das Loch erkennen. Kann aber auch sein, dass das so ist wie manchmal bei uns im Oberhausener Tiergehege Kaisergarten. Immer wenn man guckt, verstecken sich die Hängebauchschweine gerade in ihrer Hütte.
Mein Problem ist nur die Musik. Irgendjemand hat die Boxen für die Tanzfläche unter die Decke geschraubt, also neben das Loch zu meinem Speicher.

Und aus diesen Boxen läuft – und da zitiere ich jetzt mal das Original-Programmheft – »Musik aus den 50ern, 60ern, 70ern, 80ern, 90ern, 2000 und das Beste von heute«.
An Schlaf ist da nicht zu denken. Mir fällt auf, dass *Dr. Alban* mehrfach gespielt wird.
Offenbar ist ein Fan anwesend, der sich das wünscht. Außerdem die Musik der Band *Scooter*, deren Sänger, H. P. Baxxter, darauf weist der DJ einige Male hin, gebürtig aus Leer in Ostfriesland stammt. Der Song heißt »How much is the fish?«. Und ich weiß die Antwort auch nicht. Ich weiß bloß, was die Eier kosten.
Das Ganze muss zu diesem Zeitpunkt von außen betrachtet etwa so aussehen: Ich sitze in Unterhose auf meinem Schlafsack und schaue von der Couch hinunter durch das Loch im Boden auf insgesamt acht tanzende Ostfriesen und -innen über fünfzig, die

»How much is the fish?« schreien. Vielleicht ist das ja Kunst? Vielleicht bin ich ja Teil eines jahrelang geplanten Kunstwerks von Bart van Moeffen? »Loch in Leer – wer weiß den Preis des Fischs?« Irgendwann läuft – ernsthaft – der Song »We will rock you« von *Queen*, und zum ersten und bisher einzigen Mal in meinem Leben fühle ich mich von dem Lied direkt angesprochen. Ich sehe, dass die Tanzfläche voll ist. Das heißt konkret: Die anderen vier Besucher der Ü50-Party sind hinzugekommen und schreien:
»We will ...
We will ...
ROCK YOU!!!«
Aber ich will nicht gerockt werden. Ich wollte noch nie gerockt werden. Ich will auch keinen rocken. Ich will schlafen. Wieso ist die Lautstärke einer Diskothek nicht einfach abhängig von ihrer Besucherzahl? Wenn nur zwölf Mann da sind, macht man alles ganz leise. Was hab ich da gerade gedacht? Ich werde mehr und mehr selbst zum Oppa. Vielleicht wär ja Taubenzüchten wirklich was für mich. Tauben sind friedliche, ruhige Tiere. Nicht wie Fische. Fische bringen Leute zum Krakeelen, weil keiner weiß, wie teuer sie sind. Tauben bringen die Post. Post ist leise. Vielleicht kaufe ich mir einfach auch so 'ne Mütze wie Herbert Knebel. Warum nicht? Die zieht man sich dann über die Kellen, und wenn man lurig ist, is es leise in der Poofe.

Der letzte Besucher der 50plus-Party geht gegen 7.30 Uhr morgens. Bis zu diesem Zeitpunkt hat er noch etwa einundeinhalb Stunden völlig alleine zu *Dr. Alban* getanzt.
Ich schlafe ein.
Für genau zwanzig Minuten. Dann weckt mich eine Putzfrau und fragt mich, ob es mich stört, wenn sie mal eben die Couch umkippt.
»Ach, wat!«, sage ich mit Jürgen-von-Manger-Tegtmeier-Gedächt-

nisstimme. »Wat saaain muss, dat muss saain. Mensch blaaiben!«

Dann gehe ich. Dahin, wo ich wechkomm. Weit, weit wech. Zum Bahnhof. Gleis 1. Intercity Richtung Oberhausen. Auf der Suche nach meiner Fahrkarte greife ich in meine Jackentasche und zerstöre versehentlich das Ei Nummer 788, das ich mir am Vortag eingesteckt hatte. Ich rufe die niederländische Auskunft an und lasse mir irgendeinen Bart van Moeffen in Rotterdam geben. Vielleicht issers ja. Ich singe ihm so laut ich kann »We will rock you« und »How much is the fish« vor. Aber der Typ hat wirklich überhaupt kein Kunstverständnis.

Er sagt nicht mal »Dank u wel«.

Jutta
(ein Klagelied in c-moll)

Der Taxifahrer gibt mir meinen Koffer in die Hand,
und ich gehe ins Theater rein in einem Bundesland,
das nicht das meine ist, doch ich bin gut drauf. Alles ist in Butter.
Und ich denke an nichts Böses, doch dann kommt es,
                und es heißt Jutta.

Jutta sieht aus wie eine Geistheilerin – beziehungsweise
wie eine Geistheilerin, über die die anderen Geistheilerinnen
                sagen: »Die hat 'ne Meise.«

Jutta macht Theater, aber hauptsächlich Kunst – beziehungsweise
hängt sie Abfall aus dem gelben Sack an die Wand
mit Titeln wie »berauscht entleerte Speise«.

Die Bühne ist in Juttas Galerie-Café,
und ihr Mann nennt sich TJORGE und macht Skulpturen
aus Rohren, Speckstein und Rinderblut,
und die nennt er: »Hirsche und Huren.«

Und ich bin ein kleines bisschen fassungslos
und auch deutlich zu spät dran,
denn in 'ner knappen Viertelstunde geht die Vorstellung los.
Aber Jutta sagt: »Jetzt komm doch erst mal an.«

Jetzt komm doch erst mal an.
Jetzt komm doch erst mal an.
Und ich denk: ICH BIN DOCH SCHON DA!
ICH RUF DAT TAXI NICH NOMMA!
Und dann schiebt sie mir 'nen Sessel an den Couchtisch ran.
Und da sitz ich dann und komme erst mal an.
Ach, jetzt komm doch erst mal an.

Es ist jetzt fünf Minuten vor Showbeginn.
Der Zuschauerraum ist fast voll.
Aber ich sitze immer noch im Korbsessel drin,
wo ich erst mal ankommen soll.

Ich habe weder das Klavier noch das Mikro ausprobiert,
denn (O-Ton): »Da darf nur der TJORGE dran«,
der zurzeit einen wehrlosen Speckstein malträtiert
und darum aus visionären Gründen nicht kann.

Und Jutta kann auch nicht, denn die mixt gerade Wein
mit Tees aus komischen Knollen
und redet auf wehrlose Zuschauer ein,
dass sie alle erst mal ankommen sollen.

Ach, jetzt kommt doch erst mal an.
Ach, jetzt kommt doch erst mal an.
Und ich denk: DIE SIND DOCH SCHON DA!
Aber die kommen sicher nich noch ma!
Und der Grund ist das gruselige Gespann
aus dir und deinem Mann.
Ach, jetzt kommt doch erst mal an.

Jetzt isses zwanzig nach acht und im Publikum
herrscht 'ne Stimmung vor wie an Gleis zehn,
wenn die Durchsage kommt, dass der Zug ausfällt.
Die ersten Zuschauer geh'n.
TJORGE hat die Technik in die Hand genommen,
das heißt, es fiepst, als wär der Rauchmelder an.
Und ich steh auf der Bühne, aber sonst steht da nix,
denn das Klavier steht im Haus nebenan.

Alles pfeift, und die Leute schrei'n Dinge herein,
und ganz viel davon schrei'n sie zu Recht.
Und ab der Pause bin ich im Theater allein,
und Jutta sagt: »Du bist echt voll schlecht.«

Dann sage ich auch was. Und dann renn ich besser weg,
denn TJORGE verlangt es nach Blut.
Nach Gage zu fragen, hätt heut' eh keinen Zweck,
und auch die Zeitungskritik ist nicht gut:

»Kabarettist scheitert klavierlos in Kunstgalerie«
An der Zeile ist ja sogar was dran.
Und der Text darunter stimmt auch irgendwie:
»Reuter kam einfach nicht an.«

KÜNSTLER

Wenn es eine Gruppe gibt, die in unserer Gesellschaft ständig immer größer wird, dann ist es die der Künstler. Und damit meine ich nicht Künstler im Sinne von Menschen, die beruflich musizieren, malen oder schreiben. Diese Leute sind ja in der Regel eher bodenständiger Natur. Ich selbst trete zwar beruflich klavierspielend auf Bühnen auf, habe aber ansonsten mit dem Künstlerdasein wenig zu tun. Meine Hobbys sind Lesen und Fahrradfahren. Einmal am Tag füttere ich eine Schildkröte, die danach ins Terrarium macht und wieder schlafen geht. Mir gefällt das ganz gut so. Ich bin zufrieden, und die Schildkröte heißt Struppi.
Was ich wirklich meine, sind Künstler! (mit Ausrufezeichen) und Künstler!!! im Sinne von: unergründliche Ausnahmegenies, wie sie nur ein einziges Mal unter einer Millionen Menschen vorkommen, schöpferische Auserwählte, die ständig aufgrund ihrer fast übernatürlichen Kreativität ein Dasein am Rande des Wahnsinns fristen müssen, berufene Meister, bei denen jede einzelne Handbewegung ein visionäres Werk ist und jeder Augenaufschlag ein unbezahlbares Geschenk ans Sonnenlicht, die aber – eine schlimme Laune des Schicksals – beruflich als Heizungsmonteur defekte Muffen in langweiligen Etagenwohnungen austauschen müssen. Oder auf dem Polizeimotorrad ein Stoppschild bewachen. Oder Unwürdigen Briefmarken verkaufen.
Solche Künstler!!! zeigen alle Verhaltensmuster, die man gemeinhin extrovertierten, musischen Genies zuschreibt, bis auf die Tatsache, dass sie keinerlei künstlerischer Tätigkeit nachge-

hen. Oder vereinfacht gesagt: Diese Menschen sind wie Klaus Kinski ohne Schauspielen.

Ein Beispiel:
Im Erdgeschoss unseres Hauses gibt es einen neuen Pizza-Lieferservice. Dieser existiert dort seit etwa einem Monat und scheint nicht übertrieben zu florieren. Tagsüber steht der Pizzabäcker ohne Kunden vor seinem Ladenlokal und geht eher repräsentativen Pflichten nach. Er spricht kaum, fertigt aber dauernd DIN-A1-große Zeichnungen an, die, das habe ich jetzt herausgefunden, tatsächlich Konstruktionszeichnungen für Pizzen darstellen, also riesengroße Rechtecke und Kreise, in die er Worte wie »tonno« schreibt oder kleine Pilze und Oliven malt. Er trägt einen Bart wie Salvador Dalí und benutzt Aquarellfarben.
Vor ein paar Tagen wollte ich zum ersten Mal etwas bei ihm bestellen. Ich hatte Geburtstag und wollte drei Pizzableche für meine Gäste, eins mit Schinken, eins mit Salami und ein vegetarisches mit Paprika, Oliven und Spinat.
Er war beleidigt. »Prosciutto, ich mache nicht.«
Also kein Schinken. Nuja. Ich fragte nach, wieso.
»Langweilig. Schinke iste nix passionata. Iste nix Italiano, nix musica. Iste nix Leideschaft. Iste Fressen für Holzfäller. Geh weg, Holzfäller. Verschwinde!«

Was will man da machen?
Ich konnte ihn dann aber trotzdem überreden, zumindest drei Bleche für mich zu malen: eins mit Sardellen, Kapern, Artischocken und Bärlauch-Pesto, eins mit Rucola, Birnen und Zutaten, die ich nicht kannte, und ein drittes komplett ohne Zutaten, dafür aber mit einem wilden expressionistischen Muster in der Tomatensoße. Die Preise lagen bei 74 Euro für Blech Eins, 134 Euro für Blech Zwei und 280 Euro für das Blech ohne Zutaten. Ich war ein bisschen irritiert. »Hören Sie mal, kann es sein,

dass Sie sich da vertan haben?«, fragte ich freundlich. »In Ihrem Prospekt steht doch das hier: »Party-Angebot! – 3 Pizzen 60x40 cm plus 1 Flasche köstlicher italienischer Landwein, 55 Euro.«
Er sah mich einfach nur an. Lange. Eindringlich. So wie der Pate einen hässlichen Rauhaardackel angucken würde, der ihm gerade auf der Rückbank ins Cabrio gepinkelt hat. Dann zerriss er wortlos die Din-A1-Blätter und ging.
In der Küche hörte man, wie er mehrere Teller zerschlug und mit einem großen Kochlöffel auf die metallene Arbeitsplatte eindrosch. Ich verließ das Lokal schnell, bevor er den Pizzaschneider in die Hand bekam.
Draußen rannte der Inhaber der Pizzeria entsetzt auf mich zu: »Haben Sie ihn provoziert?«, rief er völlig außer sich.
»Ich weiß nicht. Ich habe das Party-Angebot bestellt ›3 Pizzen 60x40 cm plus 1 Flasche köstlicher, italienischer Landwein, 55 Euro‹.«
»Ach du Scheiße!«, schrie der Mann und rannte in die Küche. Weinen. Schreien. Weitere zerstörte Teller. Dann kam er wieder raus. »Versprechen Sie mir, dass Sie das nie wieder tun.«
Ich versprach es. Hatte ich eh nicht vor.
Anschließend musste ich noch zur Post, um ein Paket aufzugeben.
Dort traf ich allerdings direkt auf den nächsten Künstler!!!
Das Gespräch verlief so:
»Guten Tag, ich würde gerne das Paket hier verschicken. Was kostet das denn so? Ich meine, Porto ohne Versicherung.«
Schweigen.
Der Postmitarbeiter blickte in die Ferne.
Ich sagte: »Hallo, ich würde gerne dieses Paket hier verschicken. Is' Ihnen nicht gut?«
Schweigen. Seufzen. Ignorieren.
Ich: »Also noch mal wegen des Pakets hier ...«
Dann – Ausbruch (!!!). Der Postmann brüllte mich an: »Meinen

Sie, dass mich das interessiert? Meinen Sie, dass das hier irgendjemanden interessiert, wo Sie Ihr lächerliches, banales, kleinbürgerliches Omi-hat-Geburtstag-Päckchen hinschippern lassen wollen? Meinen Sie das? Meinen Sie, Sie können hier reinkommen und den großen Chef markieren und alle rumkommandieren, oder was? Wer, Freundchen? Wer? Wer hat dir eigentlich erlaubt, hier das Wort zu ergreifen? Ich nicht. Ich hatte gerade einen Gedanken, es war ein kleiner nur, wie ein Schmetterling war er, so sanft, so zerbrechlich, so scheu, wie ein herrlicher, bunter Falter, der dem Geist entfliegt, um seine Schwingen auszubreiten und etwas Größeres anzustoßen, um die Welt zu bewegen, um sie bedeutender zu machen. Und du? Du hast ihn erdolcht. Du hast ihn gemordet mit deinem hirnverbrannten ›Was-kostet-mein-Paket?‹-Gebrabbel, deinem spießbürgerlichen Kleingeldgekacke! Mit deinem armseligen, larmoyanten Briefmarkengeheul hast du dem kleinen Gedankenschmetterling den Garaus gemacht. Und ich frage dich noch mal: Hatte ich dich aufgefordert zu sprechen? Hat irgendwer hier gesagt: ›Pummeliger Brillenmann mit Paket, wir wollen deine Stimme hören?‹!? Nein. Nein. Nein. Nein. Nein. Nein. Nein. Nein und nochmals nein. Das hat keiner gesagt. Und warum? Weil alles, was du zu sagen hast, so langweilig ist, so unendlich laaaangweilig, öööööde, ohne Belang, nur Paket, Paket, Paket, ein Einblick in deinen jämmerlichen Mikrokosmos, der sich nur um Paket, Paket und Porto dreht. Geh, geh, jetzt geh mir aus den Augen mit deinem bescheuerten Versandscheißdreck. Verschwinde! Laber wen anders voll mit deinem eindimensionalen Gelalle. Wie soll ich in Ruhe denken? Was muss ich mir hier jeden Tag anhören? Es ist nicht zum Aushalten.
Heidi, mach mir einen Ingwer-Tee. Ich bin im Frühstücksraum. Hier kann man ja nicht mehr atmen ...«
Heidi sah mich so an, wie man jemanden ansieht, dem man die Entscheidung zu gehen erleichtern will. Ich sagte: »Wenn ich

da vielleicht noch mal ganz kurz wegen des Portos nachhaken dürfte ...« Heidi kreischte. Der Postmann riss sich los und biss mir in den Arm. Ein Zahn blieb stecken.
Ich hab dann das Paket einfach kurz selbst nach Niedersachsen gefahren. Das schien mir die einfachste Lösung.
Wieder zu Hause angekommen, fand ich im Briefkasten einen Abholschein für ein weiteres Postpaket, das wiederum mir irgendjemand zugeschickt hatte.
Ich hatte ehrlich gesagt keine große Lust mehr, es abzuholen. Und da kam mir eine Idee:

Ich ging doch noch mal in die Pizzeria hinein.
»Ah, Holzfäller«, begrüßte mich der Pizzabäcker herzlich. »Ich mache nichts für dich. Verschwinde.«
»Ja, das weiß ich ja«, sagte ich. »Das will ich auch gar nicht. Ich wollte mich nur noch einmal bei Ihnen entschuldigen und kurz Bescheid sagen, dass ein DHL-Mann mit einem großen Paket für Sie hier war. Hier ist der Abholschein. Er hat mir gesagt, ich soll Ihnen ausrichten, Sie können das Paket heute bis 18.30 Uhr abholen. Ich hätte es ja selbst für Sie angenommen, aber ich war mir nicht sicher, ob Sie wollen, dass ich das anfasse ...«
»Nein, will ich nicht. Hau ab, Holzfäller!«
Ich ging. Dann kaufte ich mir eine Flasche Bier und suchte mir einen schönen Platz in der Nähe der Post. Mal sehen, wie sich die beiden verstehen, dachte ich mir und hatte zum ersten Mal in meinem Leben das Gefühl, dass auch in mir irgendwo ein kleiner Performancekünstler schlummern könnte.

Wie die Zeugen Jehovas sich zu der Planungsentscheidung genötigt sahen, ein Wohnhaus in Oberhausen-Osterfeld für immer von der Landkarte ihrer missionarischen Bestrebungen zu streichen

Ursprünglich hatten wir im Sommer '92 den Plan gefasst, dass man ja auch mal pokern könne, um sich mafiös vorzukommen. Poker war ein Spiel, dem ich zwar genauso wenig abgewinnen konnte wie den meisten anderen Kartenspielen, aber »sich-mafiös-vorkommen«: Das war mein Ding. So was sprach mich unheimlich an, war ich doch selbst alles andere als Mafia. Meine Eltern waren keine Italiener. Damit fing's schon mal an. Keiner in meiner Familie hatte jemals von irgendjemandem Schutzgeld erpresst, Drogen verkauft oder Luigi Castilianieri Betonschuhe verpasst.

Wir kannten nicht mal wen, der so hieß. Unsere Nachbarn hatten deutsche Namen wie Schulz und verpassten ihren Kindern Schuhe mit Klettverschluss. So sah das aus. In so einer Situation ist der Wunsch zum Gangstertum ja praktisch vorprogrammiert. Im Gegenzug dazu wünschten sich wahrscheinlich die Kinder großer italienischer Mafiosi 1992 ein Leben in Klettverschlussschuhen im Oberhausener Norden. Hätte es da mal einen entsprechenden Schüleraustausch gegeben, dann sähe die Lage heute möglicherweise ganz anders aus. Dann säße ich wahrscheinlich längst zufrieden bewaffnet am Stammtisch der finanziellen Unterstützer Silvio Berlusconis, plaudernd über Rezepte zum Anrühren von Mischbeton, während der Sohn von Luigi Castilianieri die Zweigstelle der Techniker Krankenkasse in Oberhausen-Sterkrade leiten muss. Aber Schüleraustausch – das war zu dieser Zeit leider nur möglich mit anderen langweiligen mittelständischen Familien in England oder den USA. Organisierte sizilianische Drogenkriminelle wurden nie angeboten, was wir alle sehr bedauerten. Pokern war da ein annehmbarer Kompromiss.

Wir trafen uns zur einleitenden Drogenübergabe auf der Straße vor dem Haus unseres Freundes Chris, dessen Eltern etwas unbedacht in den Urlaub gefahren waren, ohne ihren Sohn ein- und den Keller zuzusperren.
Chris kannte sich aus mit Mafia und Poker. Einleitende Drogenübergaben, so erklärte er uns, seien in jedem Fall obligatorisch. Ohne könne man auch 'nen Rommee-Abend machen oder zur Fußpflege gehen.
Aus diesem Grund trugen wir dunkle Anzüge und Sonnenbrillen, schwarze Schuhe, schwarze Krawatten und weiße Hemden. Wir sahen aus wie die D-Jugend der Blues-Brothers-Revival-Band. So gekleidet luden wir vor dem Einfamilienhaus eine ganze Reihe von Plastikbeuteln voller Drogenimitations-Mehl aus dem Kofferraum.
Die zuvor mit Blut eingeschmierten Beine einer Schaufensterpuppe sowie eine größere Menge günstig beim Metzger unseres Vertrauens erworbener Schweineinnereien komplettierten das Bild für die begeisterte Zuschauerschaft hinter den Fenstern der Nachbarhäuser.
Danach inszenierten wir einen Streit ums Drogengeld, bei dem die Hälfte von uns auf offener Straße erschossen wurde. Wunderbar. Die geschätzte Zuschauerzahl steigerte sich noch mal um gute fünfundzwanzig Personen. Die ganze Straße war voller Blut und Mehl. Wir alle waren voller Blut und Mehl. Und überall

im Blut und Mehl lagen die Leichen der Drogenbarone, die die Fehde der verfeindeten Clans nicht überlebt hatten.

Einzig die Polizei zeigte sich unbeeindruckt.

»Macht halt die Sauerei da 'n bisschen weg, und spielt drinnen weiter Räuber und Gendarm«, sagte der Wachtmeister.

Räuber und Gendarm.

Hör mal!

Entwürdigend.

Gibt es etwas Erbärmlicheres für einen Mafioso, als von der Polizei nicht ernst genommen zu werden?

»Macht halt die Sauerei da 'n bisschen weg, und spielt drinnen weiter Räuber und Gendarm.« Das war vernichtend.

Räuber-und-Gendarm-Spielen war unserer Meinung nach von Rommee und Fußpflege gar nicht so weit weg. Eigentlich war Räuber-und-Gendarm-Spielen sogar noch schlimmer. Wer Rommee spielte, der tat den Schritt in die Seniorenhaftigkeit wenigstens freiwillig und bewusst. Aber Räuber und Gendarm – das war auch noch so »gewollt-und-nicht-gekonnt-cool« und, um mal den vernichtendsten Begriff zu benutzen, den es zu dieser Zeit im Oberhausener Adoleszenten-Code wohl gab: Das war irgendwie »opfermäßig«.

Räuber und Gendarm – so was machten die gleichen Bekloppten, die sich auch als Rollenspielfiguren verkleideten und im Wald Elbenfeste feierten. Aber nicht wir! Wir waren ja echt. Wir waren cool. Wir waren: DIE MAFIA.

Bühnenkünstler erleben manchmal die Situation, dass das gesamte Publikum vermeintlich zufrieden aussieht, während an einem einzigen Tischchen in der ersten Reihe eine einzige Person alleine sitzt, die so guckt, als würde sie aus irgendeinem unbekannten Grund die gesamte Aufführung von vorne bis hinten ablehnen.

Die Reaktion, die Bühnenkünstler darauf zeigen, ist oft einfach wie doof: Sie beginnen, ihre gesamte Tätigkeit auf diese Person hin auszurichten – entweder positiv motiviert, mit dem Ziel, sie doch noch zu überzeugen, oder negativ, mit dem Ziel, sie dann doch zumindest so maximal wie möglich zu ärgern.

Alles, was wir – die Oberhausener Mafia – in Bezug auf Wachtmeister Günter Kleutners Aufmerksamkeit im Spätsommer 1992 in Angriff nahmen, muss als eine Kombination aus diesen beiden Motivationen angesehen werden. Aber wir bissen uns die Zähne aus.

Eine bis zu den Knien einbetonierte Polizistenpuppe stellte Kleutner einfach in den Springbrunnen vor der Wache, versehen mit dem Schild: »Zu niedriger Wasserstand! Das organisierte Verbrechen wartet auf die Flut.«

Ein Zeigefinger, den wir mühsam am Vater eines Mitschülers vorbei aus der Kühlhalle des elterlichen Bestattungsinstitutes hinausmanövrierten und in Kleutners privaten Briefkasten warfen, führte zu nichts außer der beiläufigen Frage des Polizisten, ob unsere mündliche Note in Religion nicht gefährdet sei, wenn wir in Zukunft nicht mehr aufzeigen könnten. Wir schwiegen wie die Camorra.

Ein eigens zu diesem Zweck erworbenes Spanferkel (tot) mit eigens zu diesem Zweck angetackerter Polizeimütze (grün) wurde vonseiten der Exekutive offenbar einfach verspeist. Zwei Plakate an der Wache mit der Aufschrift »Die Polizei Oberhausen-Osterfeld dankt dem kulinarischen Spender« und »Hammhammhammhammhamm« ließen kaum eine andere Vermutung zu.

Und da frage ich mich noch heute: Was für eine Pubertät soll das sein, in der man sich nicht mal ordentlich gegen die Obrigkeit auflehnen kann, weil sie – und das muss man sich jetzt hier eigentlich mal auf der Zunge zergehen lassen – zu witzig ist?

Wo kommen wir denn da hin, wenn überall irgendwelche Totos und Harrys durch die Gegend rennen und aller Welt dauernd de-

monstrativ zeigen, wie die Polizei in allen Lebenslagen Humor hat. So etwas kann doch kein Mensch gebrauchen!
Was wir Jugendlichen jedenfalls 1992 wollten, das war ein schlecht gelaunter Unsympathenbulle mit Gummiknüppel, der sich über jedwede noch so winzige Kleinigkeit cholerisch aufregt und jeden sofort festnimmt, der auch nur mit sechzehn an 'nem Kümmerling nippt.
Das wollten wir! Und nicht den Hans-Joachim Kulenkampff des Schweinesystems.
Als Kleutner letztlich auch noch jedem von uns einen Handzettel seines Lieblingsmetzgers mit den Worten »Hier. Für euch – falls der andere Spielzeugladen mal zu hat« überreichte, hatten wir die Schnauze voll von Mafia und Poker und gingen. In den Keller.
Um zu trinken. Das passiert nämlich, wenn die Polizei zu witzig wird: Dann beginnt die Jugend zu saufen. Oder in Reimform: Wo Revolten stumm verhallen, fängt die Jugend an zu lallen!

Und wie wir tranken! Alles, was da war: Jägermeister, Calvados, Genever, Martini, ein brennbares Getränk namens Moorgeist, dessen Name eine perfekte Beschreibung seiner Geschmacksrichtung darstellte, Wodka, Whiskey, Waldmeisterlikör, Kümmerling, Korn, Korn mit Cola, Korn mit Fanta, Korn mit Orangensaft, Korn mit Apfelsaft, Korn mit Kakao, Korn mit Milch, Korn mit Bier, Korn mit Jägermeister und Korn mit Moorgeist.
Dabei verwüsteten wir den Keller.
Nicht mit Absicht. Aber wir fielen einfach dauernd um.
Und so rissen wir den Zapfhahn ab, eine Dartscheibe von der Wand, demolierten versehentlich die Stereoanlage, das Waschbecken und zwei Hocker und zerbrachen abschließend auch noch ein Wandgeweih, was der Sohn der zu dieser Zeit im Urlaub befindlichen Gastgeber mit den alkoholgetränkten Worten »Ich geh schnell Ersatz schießen« quittierte, worauf-

hin er kaum daran gehindert werden konnte, diesen Plan auch gemeinsam mit dem Luftgewehr seines Vaters in die Tat umzusetzen. Glücklicherweise schlief er dann aber plötzlich ein. Mit dem Gewehr im Arm, was mich an den Film *Full Metal Jacket* erinnerte und zu diesem Zeitpunkt nicht beunruhigte, sondern mit großer Begeisterung und Heiterkeit erfüllte. Aber da war möglicherweise auch der Calvados im Spiel. Ich selbst fiel dann irgendwann auch mal wieder um und blieb der Einfachheit halber liegen. Als mir kalt wurde, deckte ich mich mit einer Badezimmergarnitur zu, wobei ich die für die Toilette vorgesehene Aussparung mit meinem Kopf füllte, was ich für eine revolutionäre Idee hielt, die ich mir unbedingt am nächsten Tag aufschreiben müsse.

Jedenfalls sah auf diese Weise am anderen Morgen auch der Partykeller nach *Full Metal Jacket* aus – und zwar nach der zweiten Hälfte des Films, die im Vietnamkrieg spielt. Überall lagen leblose Körper herum und suchten nach Mineralwasser und/oder Nahrung, alle gekleidet in schwarze Anzüge, schwarze Krawatten und ehemals gebügelte Hemden, dabei Geräusche machend, wie sie bei der Synchronisation von Dinosaurier-Dokumentationsfilmen verwendet werden.

Aber es gab kein Wasser und keine Nahrung – ausschließlich leere Dosen (Calvados-Äpfel und Hansa Export), volle Aschenbecher und andere darbende Kreaturen, die begonnen hatten, der Bedeutung des Begriffs »Kater« eine neue Dimension hinzuzufügen.

In diese Szenerie hinein schellte die Klingel der Haustür.

»Wenn das Kleutner is, dann knall ihn ab«, raunte einer der lebenden Leichen, und alle stimmten grunzend zu, während sich Chris mit dem Gewehr in der Hand die Treppe hochquälte.

Dort oben angelangt, muss sich etwa folgendes Gespräch abgespielt haben, das ich an dieser Stelle leider nur aus zweiter Hand wiedergeben kann, da ich selbst zu diesem Zeitpunkt noch im Keller unter der Toilettengarnitur lag und darüber nachdachte, was zum Geier ich mir in der Nacht noch mal hatte aufschreiben wollen.

Das Gespräch an der Tür. Ein Einakter:

Die Türklingel (schellt).
Chris Rokatz (öffnet die Tür mit einem Gewehr in der Hand): »Was wollen Sie hier?«
Die Zeugen Jehovas, ein Mann und eine Frau in der Optik Witta Pohls aus der ersten Staffel von *Diese Drombuschs*: »Hallo, sind Ihre Eltern zu Hause?«
Chris Rokatz: »Hier sind keine Eltern, hier ist nur Zuuuuuuul.«
Die Zeugen Jehovas: »Bitte?«
Chris Rokatz: »Nur ein Späßchen. Meine Eltern sind im Urlaub. Was wollen Sie denn?«
Die Zeugen Jehovas, das Gewehr bemüht ignorierend: »Hätten Sie Interesse an einem religiösen Gespräch?«
Chris Rokatz: »Über Religion und so?«
Die Zeugen Jehovas, irritiert: »Ja, äh, genau – oder aber auch Themen, die Ihnen näherliegen. Zum Beispiel Drogen und Jugendliche. Oder Alkoholmissbrauch. Gesellschaftliche Fragen. Was sagt Jesus zum Militär.«
Chris Rokatz: »Ah so. Ja, sicher habe ich da Interesse, aber über solche wichtigen Themen rede ich lieber im Haus. Am besten gehen wir in den Keller. Meine Eltern haben da ein Konferenzzimmer.«
Die Zeugen Jehovas, simpelst geködert: »Ja gerne, dann natürlich lieber im Konferenzzimmer.«
Chris Rokatz: »Klaro, ich habe gerade durch Zufall auch noch ein paar Freunde da, die auch Interesse an religiösen Gesprächen haben.«

Die Zeugen Jehovas, jetzt aussehend wie Witta Pohl, die Geburtstag hat: »Ja, gerne – da sagen wir nicht nein.«
Alle drei gehen die Treppe runter.
Der Kellerraum (stinkt nach allen Arten von Zeugen-Jehovas-untypischen Substanzen).
Ich (unter Badezimmermatte): »Und? Hast du den Witzbold-Bullen zum Schweigen gebracht?«
Eine ganze Reihe von Mafiosi mit Promille, lachend wie die Panzerknacker: »Harharharharharharharharhar!«
Die Zeugen Jehovas: »Ja, äh – hallo, ihr.«
Chris Rokatz: »Möchte von euch jemand über Alkoholmissbrauch und Drogen sprechen?«
Mafioso 1: »Kein Gramm Koks unter hundert.«
Mafioso 2: »Guck mal, Witta Pohl.«
Die Zeugen Jehovas: »Vielleicht kommen wir dann doch besser noch mal wieder, wenn Ihre Eltern wieder da sind.«
Mafioso 1: »Kein Gramm unter hundert. Egal, wer an der Kasse steht, Freunde. Wir sind ja hier nicht die Wohlfahrt.«
Alle Mafiosi, begeistert im Chor zur Melodie von »Guantanamera«: »Kein Gramm unter hundert. Es gibt kein Gramm unter hundert – für Witta Po-ohl. Kein Gramm unter hundert.«
Die Zeugen Jehovas: »Ja, also, tschüss dann.«
Und sie gingen. Für immer.
Wir jedoch – die Oberhausener Mafia – hatten unsere kompletten Lebensgeister schlagartig und auf einmal wieder und sangen den ganzen Tag über unser Lied mit ständig neuen Strophen, die sich meist um Drogen, Mafia, Alkohol und gelegentlich auch um die TV-Serie *Diese Drombuschs* drehten.
Und kein Polizei-Witzbold der Welt hätte unsere Stimmung je trüben können.
Und darum – und damit möchte ich heute schließen – sei an dieser Stelle einmal der Glaubensgemeinschaft der Zeugen Jehovas für ihre Verlässlichkeit gedankt:

Lasst euch nicht verbiegen, Freunde!
Bleibt, wie ihr seid! Wenn auch alles ständig immer spaßiger wird: Auf eure Humorlosigkeit kann man sich wenigstens verlassen!
Herzlich und mit freundlichen Grüßen,
der junge Mann unter der Toilettenmatte
(Oberhausen-Osterfeld, 1992)

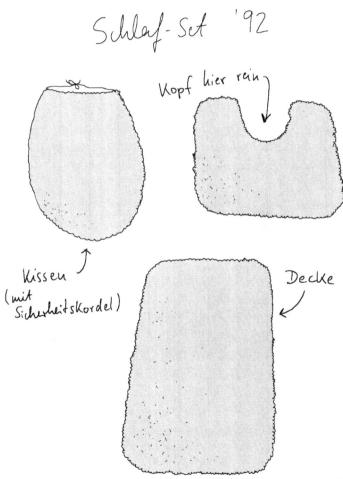

HeRR BehReNS

Zu der nun folgenden Geschichte muss ich kurz einen Begriff erläutern, der so vielleicht vor allen Dingen den jüngeren Lesern nicht mehr bekannt sein wird. Es ist der Begriff »Zivildienst«.
Zivildienst, das war damals für junge Männer die Möglichkeit, an die eigene Schullaufbahn noch eine knapp dreizehnmonatige Intensivausbildung im Umgang mit einem Besen anzuschließen. Das war aber zu dieser Zeit nicht die einzige Option. Wer sich eher für den intensiven Umgang mit Alkohol interessierte, für den gab es noch etwas anderes. Das hieß »Bundeswehr«. Ich persönlich war zu dieser Zeit im Bereich Alkohol schon ausreichend informiert. Darum habe ich mich für den Zivildienst entschieden.

Während meines Zivildienstes in einer Oberhausener Kirchengemeinde gab es einen Mann. Das heißt, diesen Mann wird es natürlich auch vorher schon gegeben haben, und es gibt ihn möglicherweise auch heute noch, das weiß ich nicht genau. Für mich war dieser Mann aber in erster Linie maßgeblicher Bestandteil meines Zivildienstes. Er gehörte irgendwie fest dazu, so wie Laubfegen und Stühle stapeln.
So was macht man ja oft unbewusst: Man ordnet subjektiv andere Menschen dem eigenen Leben hinzu, immer davon ausgehend, dass man selbst natürlich die Hauptperson ist. Das muss ja gar nicht unbedingt richtig sein.
Oder um es mal anhand der allgemein bekannten Filmreihe *Star Wars* zu erklären: Man meint immer, man sei selbst der Luke Skywalker. Es kann aber genauso gut sein, dass man das kom-

plett falsch einschätzt, und man ist seit Jahren in der Nachbarschaft nur der R2D2. Oder der Wookie.
Jedenfalls hatte dieser Mann (Sie erinnern sich vielleicht, der Mann aus meinem Zivildienst) eine völlige Meise. Also insgesamt absoluter Totaldachschaden. Dafür gibt es bestimmt auch einen politisch korrekteren und medizinisch adäquateren Ausdruck, aber ich war ja zu der Zeit weder Politiker noch Arzt, sondern Zivildienstleistender, und da hieß das für mich so. Und da ich heute noch immer nicht Politiker oder Arzt bin, hat sich daran auch nichts geändert.

Der Mann hieß Herr Behrens und wollte die Himmelsleiter andübeln. Aber mich kannte er namentlich. »Matthias«, sagte er regelmäßig. »Wie soll ich die Himmelsleiter andübeln?« Und ich wusste nicht so richtig, was ich darauf antworten sollte.
Diesbezüglich war die Situation zur Zeit meines Zivildienstes 1997 eine ganz andere als heute. Würde ich heute nach der korrekten Andübelung der Himmelsleiter gefragt, würde ich sagen: »Moment«, und dann schnell bei YouTube die Begriffe »Andübeln« und »Himmelsleiter« eingeben. Oder vielleicht besser erst mal nicht ganz so überspezifisch nur »Dübel« und »Leiter«. Und dann würde ich eine ganze Reihe von Hobbyhandwerkern finden, die mir aus freien Stücken (und ungeklärten Gründen) in selbst gedrehten Videos zeigen, wie ich die Leiter andübeln kann. Mit diesen Kenntnissen könnte ich dann vielleicht auftrumpfen. Aber 1997 gab es noch kein YouTube, also blieb die Frage einfach im Raum stehen.

An etwa jedem zweiten Tag kam Herr Behrens wieder vorbei, immer auf dem Weg von der offenen psychiatrischen Tagesklinik zum Altencafé der Kirchengemeinde und immer wieder mit der gleichen Frage auf den Lippen: »Matthias. Wie soll ich die Himmelsleiter andübeln?« Und ich wusste nicht, was ich sagen sollte.

Diese Frage war aber auch wirklich das Einzige, was den Mann interessierte. Auf meinen Versuch, das Gespräch ein einziges Mal in eine für mich etwas kenntnisreichere Richtung zu lenken, reagierte Behrens völlig ablehnend.
»Herr Behrens, ich spiele Klavier und weiß ziemlich viel über Bluesmusik«, versuchte ich es einmal mit einem Themenwechsel. »Fillefanz. Himmelsleiter«, sagte Herr Behrens und ging weg, um woanders zu rauchen, wobei er mich mit einem Blick strafte, der aber mal deutlich machte, wer von uns beiden nach seiner Ansicht hier der Bekloppte auf dem Kirchvorplatz war.

Am nächsten Tag hatte er alles schon wieder vergessen.
»Matthias. Wie soll ich die Himmelsleiter andübeln?«, begrüßte er mich fröhlich und ging Kaffee trinken.
Ich zuckte mit den Schultern.
So sollte das wochenlang weitergehen – und zwar in einer bald schon fast fest choreografierten Gesprächsreihenfolge:
Matthias (fegt).
Auftritt Behrens von rechts (rauchend).
Behrens (fragt): »Matthias. Wie soll ich die Himmelsleiter andübeln?«
Matthias (zuckt mit den Schultern).
Behrens links ab. Kaffee trinken.
Matthias (fegt).

Irgendwann gab ich es auf.
»Mit der Hilti. Ich würde das mit der Hilti machen«, sagte ich, ohne überhaupt irgendeine Ahnung davon zu haben, was ich da gerade redete. Ich kannte den Begriff »Hilti« lediglich vom Belauschen kundiger Heimwerkergespräche im Bekanntenkreis meiner Eltern.
Herr Behrens sah mich eine Zeitlang schweigend an und dachte nach. Dann sagte er: »Matthias, der Himmel ist nicht aus Beton.«

Und da kapierte ich etwas. Offenbar war für Herrn Behrens die Frage, wie man in den Himmel kommt, nicht so sehr eine moralische oder religiöse, sondern tatsächlich eine ganz praktische Problematik. Würde er den richtigen Weg finden, die Leiter anzudübeln, könnte er auf diese Weise auch sicher sein, dass er in den Himmel kommt. Und dieses Problem beschäftigte ihn offenbar täglich aufs Neue.

Was also tun? Ich informierte mich in einem Baumarkt.
»Wenn man was andübeln will, wo nix ist, was macht man da?«, fragte ich den Service-Experten vom Baustoffmann.
»Rigips«, sagte der. »Du nimmst eine Rigipswand und Rigipsdübel und dann kannze da nach Lust und Laune dran rumdübeln, so viel du willz.«
»Ah. Gut«, sagte ich. Und ging am nächsten Tag beschwingt mit dem Besen auf die Straße.
»Matthias. Wie soll ich die ...« Ich ließ ihn gar nicht zu Ende kommen. Ich kannte die Frage ja auch schon. »Rigips!«, rief ich. »Rigipswand und Rigipsdübel und 1-2-3 fertig.«
Mitleidig sah Herr Behrens mich an. »Matthias. Rigips rutscht von Wolken ab.«
Na ja. Man kann ja auch nicht an alles denken.

Aber ab dem Punkt war irgendwie mein Ehrgeiz geweckt. Ich probierte alle möglichen Ideen und Tipps aus. Die meisten davon schien Herr Behrens jedoch schon selbst verworfen zu haben – hier nur mal ein paar kurze Beispiele:
Ich: Feuerwehr-Leiterwagen. Behrens: Leiter zu kurz.
Ich: Wolken einfrieren und dann ins Eis reindübeln. Behrens: Wenn Wolken gefrieren, fallen sie runter (stimmt eigentlich).
Ich: Rigipsplatte an Heißluftballon binden, Leiter dann an die Platte an den Ballon drandübeln und hochfliegen lassen. Behrens: Ballon-Gas reicht für die Höhe nicht aus.

Ich: Leiter an den Mond drandübeln. Behrens: Zu alt fürs Astronautentraining.
Wir kamen insgesamt nur sehr, sehr langsam weiter.

Irgendwann kam eine der älteren Damen aus dem Altencafé vorbei und fragte mich, ob mir der Besen eingeschlafen sei. Ich erklärte die Problematik.
Sie lachte. »Ach. Die Himmelsleiter wird doch nicht angedübelt«, erklärte sie uns beiden. »Das wird alles geschraubt und die Gewinde sind schon längst vorhanden. Man muss nur selbst drei Spax-Schrauben mitbringen. Edelstahl rostfrei. Und die Engel kommen dann geflogen und leihen einem den Akkuschrauber. Meistens ist der sogar noch voll aufgeladen.«
Nicht schlecht, dachte ich.
Und dann kriegten wir jeder eine Waffel mit Puderzucker und machten erst mal Pause. Herr Behrens rauchte Waffel essend eine Fair Play nach der anderen und sah dabei so entspannt aus wie niemals zuvor.

Am übernächsten Tag kam er wieder an mir vorbei. »Matthias«, sagte er. »Hast du 'ne Zigarette?« Ich gab ihm eine. Herr Behrens hatte sonst immer Zigaretten dabei. »Haben Sie heute schon so viel geraucht?«, fragte ich. »Geld alle«, antwortete er knapp und schnorrte noch eine zweite Kippe. Dann ging er ins Café.
Auf der Eingangstreppe rutschte er ein wenig aus, weil da das Platanenlaub noch herumlag. Dabei fiel ihm eine Spaxschraube aus der Tasche. Edelstahl rostfrei.
»Hier muss ma gefegt werden!«, rief er mir gut gelaunt zu. Ich nickte.
»Sie haben da gerade Ihre Schraube verloren, Herr Behrens.«
»Kein Problem. Ich hab genug«, sagte er, griff in beide Hosentaschen und zeigte mir zwei Hände voller Schrauben. »Alles abgesichert.«

Ich gab ihm die runtergefallene Schraube trotzdem wieder. Wer weiß.

Hinterher hatte sich die Frau vom Altencafé verzählt, und man braucht doch mehr als drei Spax-Schrauben für die Himmelsleiter.

Gut versichert

»Geschafft«, sage ich und gebe dem Versicherungsmakler den Antrag auf unsere neue Hausratversicherung zurück. Ich bin ganz zufrieden mit mir, habe ich es doch tatsächlich geschafft, das Gros der freien Felder mit weitgehend sinnvollen Angaben zu füllen. Auch der Versicherungsmakler ist froh. Was heißt froh – er ist begeistert. Ganz offensichtlich freut er sich über meine Unterschrift wie ein Autogrammjäger über eine Originalsignatur von Elvis Presley aus den Fünfzigerjahren. Zumindest tut er so und bietet mir was zu trinken an. Das macht er schon die ganze Zeit über. Ich komme mittlerweile auf fünf große Gläser Wasser.

Ehrlich gesagt habe ich das sichere Gefühl, dass der Mann die allgemeine Gelöstheit der Situation etwas aufbauschen will, um mir noch ein weiteres Versicherungsprodukt andrehen zu können. Wie er mich dazu allerdings ausgerechnet mit Rheinfels-Quelle-Sprudel gefügig machen will, ist mir absolut unerklärlich. Ich nehme aber noch ein Glas. Ich bin ja seit Kurzem gegen Wasserschaden versichert.

Und ich habe richtig geraten:

»Da fällt mir gerade ein«, schauspielert der Makler etwas unbegabt in meine Richtung, »Herr Reuter, haben Sie eigentlich eine Berufsunfähigkeitsversicherung?«

»Nee«, sage ich. »Da habe ich bisher noch nie drüber nachgedacht.«

»Da sollten Sie aber mal drüber nachdenken«, sagt der Wassermann, den Sprudel kontinuierlich nachschenkend. Ich muss

zur Toilette. Dort angekommen greife ich den Vorschlag des Versicherungsfritzen einfach mal auf und denke nach:
Einerseits, wozu brauche ich eine Berufsunfähigkeitsversicherung? Ich bin Bühnenkünstler. Da ist man in der Regel ja nicht denselben Risiken ausgesetzt wie zum Beispiel ein Chemielaborant oder Bauarbeiter. Auch ist die Arbeitsumgebung oft nicht so gefährlich. Sicher, ein Schützenfest in Ostwestfalen-Lippe: Da geht's schon mal rauer zu als beim Treffen der Rotarier in Osnabrück, aber verprügelt wird man ja trotzdem höchst selten, und wenn, dann meist als Folge sehr unglücklich verketteter Umstände.
Auf der anderen Seite muss man das vielleicht auch mal so sehen: Der Komiker Fips Asmussen tritt seit Jahren trotz einer offensichtlichen Berufsunfähigkeit weiter auf. Gleiches gilt auch für Bob Dylan oder die beiden Mitglieder der Band *Die Amigos*. Schön ist das ja auch nicht. Man muss ja auch mal ans Publikum denken. Wenn *Die Amigos* zum Beispiel frühzeitig eine entsprechende Versicherung abgeschlossen hätten: Wer weiß, was da hätte verhindert werden können. So sinniere ich also vor dem Pissoir und verstehe schlagartig auch die Sprudelstrategie des Maklers. Denn am Pinkelbecken ist vor mir auf Lesehöhe ein Schild angebracht mit den Worten: »Armut durch Berufsunfähigkeit! Beugen Sie endlich vor!« Darunter findet sich ein ergreifender Zeitungsartikel über einen Aquarienhändler aus Bergisch Gladbach, der aufgrund einer plötzlichen Fisch- und Algenallergie berufsunfähig wurde, woraufhin er sich vor lauter Verzweiflung im hauseigenen Buntbarschbecken ertränkte. Schrecklich. Sowas kann ja schnell gehen. Auf einmal ist man allergisch gegen – was weiß ich – Klaviertasten-Reiniger, und dann wird's leise beim Klavierkabarett. Oder man kriegt 'ne Publikumsallergie. Kann ja alles passieren. Und das erklären Sie dann mal den Leuten: »Es tut mir Leid, die ersten acht Reihen müssen heute leider frei bleiben – ich habe seit Kurzem eine

ziemlich fiese Publikumsallergie.« Da bleiben dann aber ganz schnell auch die anderen Reihen frei. Und dann steht man da mit seinem Talent.

Dann kann man 'nen Aquarienhandel aufmachen. Eine gewisse Zukunftsangst bemächtigt sich meiner Person. Ich meine, klar, momentan ist alles in bester Ordnung. Das Publikum kann so nah an die Bühne ran, wie es das selbst optisch und akustisch für vertretbar hält. Aber wer weiß, was die Zukunft bringt.

Mit zwanzig habe ich auch Alkohol noch besser vertragen.

Oder ich kriege das Gleiche, was Fips Asmussen hat, und dann ... nicht auszudenken!

Und mehr und mehr wird es mir urinierend bewusst: Ich brauche ganz dringend eine Berufsunfähigkeitsversicherung. Nichts auf der Welt brauche ich mehr! Nie wieder werde ich ruhig schlafen können, wenn ich nicht eine ordentliche Berufsunfähigkeitsversicherung habe. Oder zwei.

In dieser Stimmung schließe ich meine Hose, wasche die Hände, verlasse die Toilette, setze mich wieder zum Makler an den Tisch und sage: »Ich nehme eine. Eine schöne, große Berufsunfähigkeitsversicherung. Mit allem.«

Der Makler lächelt wissend und reibt seine Hände an der Sprudelflasche. Dann fragt er mich nach meinem Beruf.

»Komiker«, sage ich.

Die Gesichtszüge des Maklers weichen purer Enttäuschung. Er guckt mich irgendwie befremdet an.

»Ja. Und ... gegen was wollen Sie sich da versichern lassen?«

»Gegen Allergie und dass ich nicht mehr so witzig bin.«

Da lacht er wieder: »Das finde ich jetzt aber mal ganz schön komisch.«

»Ja«, sage ich. »Momentan geht's auch noch. Aber wer weiß, was in fünf Jahren ist. Möglicherweise setze ich mich dann an den Schreibtisch, und mir fällt nichts mehr ein außer saudoofen Witzen zum Thema Männer und Frauen oder ›Kommt ein Ske-

lett zum Arzt‹ oder was mit Briefträgern und Hunden. Oder ich kriege eine Allergie gegen Klaviertastenreiniger.«
»Gibt's denn so was?«, fragt er.
»Was?«
»Na, speziellen Klaviertastenreiniger.«
»Keine Ahnung«, sage ich. »Wasweißich. Kann sein. Bestimmt. Kann ich auch nicht so genau sagen. Ich hab zu Hause selbst nur so'n E-Piano, und das reinigt man ja mit einem technischen Pinsel.«
Der Versicherungsmakler kriegt sich vor Lachen nicht mehr ein. Dabei verschüttet er ein halbes Glas Sprudelwasser auf meine Hausratversicherung. Das geht hier mal so überhaupt nicht in die richtige Richtung heute, finde ich.
»Sie sind ja total lustig«, prustet es aus ihm heraus. »Haben Sie 'ne Visitenkarte oder so was? Treten Sie mal hier in der Nähe irgendwo auf?«
Ich atme in den Bauch. Und biete ihm für sich und seine Frau zwei Gästekarten für mein Soloprogramm an. Dann fülle ich das Formular für die Hausratversicherung noch einmal neu aus.
Der Versicherungsverkäufer ist immer noch ganz aus dem Häuschen.
»Erzählen Sie die Geschichte mit der Berufsunfähigkeit auch auf der Bühne?«, fragt er. »Vielleicht«, sage ich. »Später mal.«
»Bauen Sie in jedem Fall auch den Satz mit Ihrem Pinsel ein«, rät er mir.
Ich verspreche es.
Dann erzählt er mir noch mehrere Versicherungsvertreter- und Blondinenwitze für mein Programm.
Ich verabschiede mich höflich.
Wieder auf der Straße angekommen, merke ich aber trotz allem, dass ich irgendwie heiter bin, habe ich es doch gerade gegen meinen eigenen Willen geschafft, eine Berufsunfähigkeitsversicherung zu verhindern. Und zwar durch meinen Beruf. Und

so lang so etwas noch mit Leichtigkeit geht, brauche ich mir für die Zukunft erst einmal keine größeren Sorgen zu machen. Den *Amigos* hätte er die Versicherung bestimmt verkauft.

ein Kindergeburtstagsgospel

»Happy Birthday!«, schreit der Opa,
und Lukas nimmt Reißaus.
Der Rucksack ist gepackt,
das Kettcar steht vor'm Haus.
Lukas wird heut drei,
und das Einz'ge, was er denkt,
ist: »Wie kann ich bloß verhindern,
dass mein Oppa mir was schenkt?!«

Bloß – wenn dein Fluchtfahrzeug Pedale hat,
und du bist grad erst drei,
ist die Verfolgungsjagd zwar heiß,
doch meist am Gartentor vorbei.
Und Opa ist zwar sechzig,
aber immer noch ganz fit,
und im Kombi hat er wieder 'nen halben Spielzeugladen mit.

Doch Lukas sieht sich selbst als Denker
und liest lieber mal ein Buch,
auch wenn er noch nicht lesen kann,
ihm sind die Bilder schon genug.
Und er hat gern mal seine Ruhe
und 'nen völlig and'ren Plan,
als mit Opa am Geburtstag Scheiß-Carrera-Bahn zu fahr'n.

Die Carrera-Bahn gab's letztes Jahr.
Der ganze Tag war hin.
Aber Opa hatte Spaß.
»Tja – man steckt da halt nicht drin«,
denkt sich Lukas und vergräbt
das Netzteil tief im Katzenklo:
Wenn die Flucht misslingt,
verhindert man das Schlimmste eben so.

»So 'n Kindergeburtstag is doch 'n Erwachsenenfest«,
denkt sich Lukas, weil man ihm halt nie 'ne Pause lässt,
weil ihm dauernd wer was hinhält,
das laut Krach macht oder blinkt
oder irgendso' ne Tussi wieder miserabel singt,
und Mama keine Zeit hat, weil sie Bier nach draußen bringt,
und Papa nix mehr schnallt, weil der das Bier ja trinkt,
und Opa schon von Weitem mit'm Carrera-Looping winkt,
darum findet Lukas:
»Kindergeburtstag stinkt!«

»UIUIUI, WAS IST DER SÜSS!«,
schreit die Frau mit dem Gebiss,
die die fürchterliche Nachbarin von gegenüber is,
und sie stopft Lukas in ein Shirt mit Bob, dem Baumeister in rot.
»Na, schönen Dank«, denkt der.
»Jetzt seh ich auch noch aus wie ein Idiot.«

Nach zwölf Stück Kuchen bestimmt Opa dann:
»Jetzt müssen alle raus!«,
denn beim Ausladen des Kombis hat er gern etwas Applaus,
und Lukas ist wie jedes Jahr der Assistent der Show
und denkt: »Wenn's nix von Harry Potter is,
dann bin ich ja schon froh.«

„Und wenn Du 'ne King-Kong-Hüpfburg hast,
dann sind auch die Nachbarskinder da..."

Von Harry Potter isses nich, das findet Lukas ganz okay,
doch dann verkündet Opa laut: »Gleich kommt der Lkw.«
Und er holt aus seinem Kofferraum ein riesiges Paket,
auf dem – sagt Mama –
»King-Kong-Hüpfburg-Stromversorgung« steht.

Und wenn du 'ne King-Kong-Hüpfburg hast,
dann sind auch die Nachbarskinder da.
Und zwar – das ist mal sicher – an fast jedem Tag im Jahr.
»Wenn am Himmel nur der minimalste Sonnenstrahl erscheint,
steht das Pack hier vor der Tür«, denkt sich Lukas. Und er weint.

Der Lasterfahrer lädt die große Hüpfbanane aus.
Währenddessen trägt sein Kompagnon den King-Kopf
 durchs Haus
und sagt »Ihr Sohn hat für'n Geburtstagskind ja echt den
Kaffee auf.«
Und Mama sagt: »Ich weiß es auch nich, er is sonst immer so
gut drauf.«

Denn so 'n Kindergeburtstag is doch 'n Erwachsenenfest
und aus Lukas' Sicht ein nervlicher Belastungstest,
weil's für ihn so is, dass seine Stimmung ganz rapide sinkt,
wenn wie jedes Jahr der Schrott von Rolf Zuckowski
hier erklingt;
oder Detlev Joecker, der die gleiche Scheiße singt.
Da kann Lukas gut verstehn, dass Papa dabei trinkt,
wenn Mami mit den Mamis hier im Mami-Klatsch versinkt
und die geistesarme Nachbarsbrut von Hüpfbananen springt
und Opa schon von Weitem mit'm Carrera-Looping winkt,
währenddessen denkt sich Lukas:
»Kindergeburtstag stinkt!«

Muttertag

Norman Zipfler (etwa vier Jahre alt), schreiend: »Ich hasse dich. Ich hasse dich. Ich hasse euch alle. Aaaaahhhh. Alle hasse ich.« Zur Bekräftigung streckt er besonders hasserfüllt seine Zunge heraus. Seine Schwester (etwa sechs Jahre alt) hat ihre Zunge ohnehin schon die ganze Zeit über draußen und macht dazu ein Geräusch, das in etwa so klingt wie »Gnagnagnagna«.

Frau Zipfler (Anfang vierzig) gibt ihrem Sohn eine Ohrfeige: pädagogisch nicht einwandfrei, aber mit der unausgesprochenen Zustimmung des kompletten vorderen Teils des Busses, wenngleich jedoch lautstärkentechnisch ohne Wirkung.

»Aaaaauuuuaaa!«, schreit der Junge. »Das sag ich der Oma! Ich hasse dich. Ich haaaaasse dich. Du stiiinkst. Alle stinken! Lilli stinkt.«

Die Schwester fährt ihre Zunge kurz ein und sagt: »Ich stink nicht.«

»Doch stinkst du.«

»Ich stink nicht.«

»Doch stinkst du. Du bist kaka.«

Die Schwester mobilisiert ihre Innenverteidigung: »Selber stinkst du!«

Aber da hat sie ihren Bruder unterschätzt.

»Klar stink ich«, sagt der. »Ich will ja auch stinken.«

Sieh mal an. Die Mutter spricht die Frage aus, die auch mir auf den Lippen liegt: »Und wieso willst du stinken, Normi?«

»Weil ich euch hasse. Wenn man stinkt, kann man besser hassen.«

»Aber wieso hasst du uns denn?«, fragt die Mutter, ganz offensichtlich froh, dass ihr Sohn zumindest nicht mehr schreit.

»Weil ich zur Oma muss.«

Man sieht der Mutter ein gewisses Verständnis für ihren Sohn an. Dennoch ist es heute an ihr, die Fahnen der Familie und der Pädagogik weiter hochzuhalten: »Aber wir haben doch zusammen die schöne Karte gebastelt. Und die wollen wir der Oma heute schenken.«

Norman beruhigt sich etwas. »Kartebastelt«, murmelt er nachdenklich, und es ist einen Moment lang leise im Bus.

Dann versaut seine Schwester alles wieder: »Normi hat bei der Karte gar nicht richtig mitgemacht. Der hat nur alles mit Kleber verschmiert«, sagt sie, schon früh eine spätere Karriere als Nahostdiplomatin gänzlich ausschließend, und Norman schreit wieder: »Ich hab wohl gebastelt! Lilli lügt. Ich hasse Lilli. Ich hasse alle! Alle stinken!«

In diesem Moment steigt ein Mann von recht augenscheinlich afrikanischer Herkunft in den Bus ein und setzt sich unbedacht auf den letzten freien Platz des Vierers der Familie Zipfler.

Norman schreit weiter, vom neuen Sitznachbarn komplett unbeeindruckt: »KAKA OMA LILLI LÜGT! KAKAOMALILLILÜGT!«

Der Afrikaner versucht, Frau Zipfler etwas Aufmunterndes zu sagen: »What a lively boy. He's always singing. What does it mean: ›Kaka Oma‹?«

Frau Zipfler versucht sich an einer eher freien Übersetzung: »He means that we want to go to the grandmother, because it is motherday.«

»Mother day?«, fragt der Afrikaner.

»Yes, motherday. We call it ›Muttertag‹.« Überrascht entdeckt Frau Zipfler Teile ihres Schulenglischs wieder. »We go to the oma, the grandmother or the granny. You say granny, or? Because she is my mother. And we go and we give her a, äh, äh, äh, ah – scheißewiesagtman? – a motherday ...«

»Kaka Oma?«, fragt der Afrikaner.
»Yes. A kak, äh, a cake, ... I bake a cake for the mother, äh, the grandmother, and we have a selbstge – a selfge-, pfff, a selfbastled card with a heart on the card.«
»Ich hasse euch. Ich will nicht zur Omaaaaaaaahhh«, schreit der Enkel.
Der Afrikaner ist interessiert: »Is the heart on the card because of the love for your mother?«
»Yes. It is because we love and we thank the mother, ähhh, weil, denn, äh, then, äh, she, äh, made us. Because she made us so, wie wir sind, so like we are. We love she so very, very because ...«
Das Handy schellt in den Satz hinein wie eine befreiende Pausenglocke. Frau Zipfler nimmt ab, hört kurz zu und wird ihrerseits laut: »Nein, Sven, das kann ich jetzt nicht auch noch machen. Nein.« (zum Afrikaner:) »That's my brother Sven. Nee, nein Sven – wir haben das doch alles abgemacht. Du besorgst den CD-Player und die Rosen. Ich mach den Kuchen und die Herzgirlanden, und dann stellen wir uns alle als Parade auf, und dann kommt ›I will always love you‹, und dann schwenken wir die Rosen, und ... wie – *der hat die CD nicht gebrannt?!?* – Ich denk, du hast so 'nen Supercomputer? Wofür hat dir Mama denn die ganze Kohle in den Arsch geblasen? Dass sie jetzt nicht mal ein einziges Mal, an ihrem eigenen Ehrentag, ›I will always love you‹ hören kann! ... Jetzt schrei mich nicht an! Soweit kommt's noch, dass du mich hier anschreist. Ich hab so den Papp auf. Ich hab ja so den Papp auf. Ja. Dann nimm halt die Nelken. Was? Na, super. Wenn du mal einmal früher aufgestanden wärst, wären bestimmt noch welche da gewesen. WAS HAT DER??? Einen Kranz? Bist du bescheuert?!? Sollen wir auch noch 'ne Urne daneben stellen, oder was? Na, dann nimm eben die künstlichen Rosen. Vielleicht kann man die ja wenigstens dann nächstes Jahr noch mal verwenden. Und dann müssen wir ›I will always love you‹ eben selber singen. ... Nein. Ich bin schon im Bus. Ja, Tschüss.«

Sie legt auf.

»That was my brother Sven. He is the, äh, schwarze Schaf of the, puh, Mann, the, he is the black, äh ...«

»Your brother is black?«

»No, he is the black äh, ach Mensch, jetzt, Schaf, ach: sheep, he is the sheep of the familiy.«

»Your brother is cheap?«

»No, he is, ach, a idiot.«

»Ah, idiot.«

»Yes, idiot – he is Ober-Idiot. Kannzenixmachen. He hasn't burned ›I will always love you‹ and wants to buy a cranz. He is ...« (zeigt Wischi-Waschi-Geste) ... »Do you come from Africa?«

»No, I live in Gevelsberg. Ennepe-Ruhr-Kreis.«

»Ah so. And how do you feier, äh, party, the motherday at home?«

In diesem Moment hebt Norman wieder zu schreien an.

»Ich haaaaassssse euch. Kaka Kaka Oma. Alle stinken. Muttertag stinkt. Kaka Oma. Muttertag! Kaka Oma Muttertag.«

Auch die Schwester fährt die Zunge erneut aus und beginnt wieder mit ihrem lautstarken Lieblingsgeräusch: »Gnagnagnagnagnagnagnagna!!!«

Und in diesem Moment muss der Afro-Ennepetaler für sich, ganz persönlich, intern eine pädagogische Entscheidung getroffen haben. Denn er sagt: »At home, on mother's day, we watch the children all of the time. And when they're, you know, not nice to their mother, we put them into a big lasagne and eat them all up. And in fact, today I'm very hungry. Maybe I can give you my number.«

Er gibt Frau Zipfler einen Zettel und zwinkert ihr zu. Sie übersetzt für ihre Kinder: »Also, der Herr aus Gevelsberg hier sagt: Bei ihm zu Hause ist das so: Da wird am Muttertag geguckt, ob die Kinder schön brav sind. Und wenn nicht, dann werden sie in eine große Lasagne eingebacken und aufgegessen. Und er gibt mir jetzt seine Telefonnummer, weil er riesengroßen Hunger hat. Nur falls ihr heute nicht nett zur Oma seid und euch den ganzen Tag weiterstreitet.«

Der Afrikaner guckt Norman und Lilli an, zeigt breit lächelnd seine Zähne, reibt sich im Kreis über den Bauch und sagt: »Yummy, yummy. Hmmmm.«

Die Kinder sind auf der Stelle still. Lilli bietet ihrer Mutter an, den Kuchen zu tragen. Norman malt ganz schnell noch ein Bild für die Oma. Und alle üben gemeinsam den Song »I will always love you« von Whitney Houston. Und der komplette Tag verläuft entspannt wie ein Wellnesswochenende im Kurhotel.

Manchmal kann es wirklich einfach das schönste Geschenk für eine Mutter sein, wenn ihr jemand kurz, aber wirkungsvoll, bei der Erziehung ihrer Kinder unter die Arme greift und relativ glaubwürdig geschauspielert den schwarzen Mann gibt.

Rabeneltern

TEIL 2:

INFOTAINMENT OHNE RANGA

WIEDER EIN VORWORT

Im Gegensatz zum ersten Teil des Buches hat der zweite Teil einen Bildungsauftrag.

Entschuldige mal – kann ich hier mein Vorwort zum zweiten Teil fertig schreiben?

Man kann sich seinen Bildungsauftrag auch selbst erteilen.

Nunja. Jedenfalls kann man im zweiten Teil was lernen.

Ja, meinetwegen. Okay.

Ist das hier ein Vorwort oder eine psychologische Beratungssitzung?

So, so ...

Danke. Also, liebe Leser. Egal, von wem erteilt – der zweite Teil des Buches hat einen Bildungsauftrag.

HAHAHA.

Denn wir kommen jetzt zu einer neuen Rubrik, die den Namen trägt: »Infotainment ohne Ranga«. Möglicherweise fragen Sie sich, ob das überhaupt möglich ist. Denn Infotainment in Deutschland ist ja normalerweise *mit* Ranga, sodass sich zu

Recht in der Bevölkerung die Ansicht durchgesetzt hat: »Bildung ohne Yogeshwar – das ist für uns nicht vorstellbar.« Die Anzahl medialer Wissensangebote ist ja in den letzten Jahren deutlich gestiegen. Das nennt man Infotainment-Boom. So was Ähnliches gab es Ende der Sechziger- und Anfang der Siebzigerjahre in Deutschland schon mal. Das war der sogenannte Bildungsboom. Der ging aber nicht im Alleingang von Ranga Yogeshwar aus, sondern damals noch vom Staat. Das heißt, zu jener Zeit wurden unzählige neue Schulen und Universitäten gebaut, weil der Staat die Sorge hatte, dass seine Bürger einmal zu doof sein würden für das Leben im 21. Jahrhundert.

Heute lässt sich rückblickend sagen: Diese Sorge war unbegründet.
Es geht auch so. Ich seh's ja an mir selbst. Was bei mir beispielsweise von meiner Schulzeit übrig geblieben ist, das ist, ich möchte ehrlich sein, mehr so ein Wunsch nach Wissen. Und dieser Wunsch wird jetzt eben nachträglich von Ranga Yogeshwar erfüllt.
So was in der Art möchte ich jetzt auch machen. Ich sehe da nämlich ganz generell eine Zukunftschance fürs deutschsprachige Kabarett in Zeiten der knappen Kassen im Bildungs- und Kulturbereich. Wo die Schulzeit bald auf drei, vier arbeitsintensive Jahre beschränkt bleiben muss, kann dann vielleicht das Kabarett auf Publikumsfang gehen. Denn Kleinkunsttheater haben einen großen Vorteil gegenüber Schule und VHS: Sie schenken auch Getränke aus. Und ich bin mir ziemlich sicher: Bildung mit Bier – darin liegt ein Konzept für die Zukunft!

WaT?!?

Beginnen möchte ich diesen Teil mit einer Information aus dem Ruhrgebiet, die vor allem Menschen von außerhalb das Leben bei uns erleichtern soll: Wenn Sie ins Ruhrgebiet kommen, dann: Sprechen Sie LAUT! Denn laut meiner Tageszeitung hört man im Ruhrgebiet mittlerweile fast überhaupt nichts mehr. Eine Deutschlandstudie hat ergeben, dass das Hörvermögen im Ruhrgebiet deutlich schlechter ist als im gesamten Rest der Republik.
Und wenn das jetzt Eltern aus Bottrop lesen und sich denken: Das ist mir auch schon aufgefallen, dann sei ihnen geflüstert: Ja, klar, aber das betrifft nicht nur Ihre Kinder, sondern auch Sie selbst. Und Ihre Nachbarn.
Denn von neunundfünfzig möglichen Highscore-Listen-Plätzen in der deutschlandweiten Ohrenliste ist zum Beispiel Oberhausen erst auf dem siebenundfünfzigsten zu finden. Danach kommen nur noch: Duisburg und Gelsenkirchen.
»Wat?«, fragt da der Oberhausener. Und meint das in erster Linie akustisch. »Dat kann doch nich sein.« Doch. Sagt die Zeitung. Und es gibt auch Indizien dafür:
Wenn man sich zum Beispiel mal so 'n Freundschaftsspiel zwischen den beiden Letztplatzierten der Gehörlosenliga anguckt. MSV gegen Schalke. Keinohrhasen auf dem Stadionrasen. Oder meinetwegen auch Rot-Weiß Oberhausen gegen MSV Duisburg. Da wird ja sehr viel geschrien. Und ich hatte urspünglich immer gedacht, das wäre ein Ausdruck von Lebensfreude. Nein. Das ist in erster Linie Schwerhörigkeit. Die wissen auch oft gar nicht, was sie da brüllen. Weil sie das selbst nicht hören können.

Wo noch vor zwanzig Jahren Polizisten im Ruhrgebiet am Spielplatz die illegal rauchenden Jugendlichen mit einem gut gemeinten »Hömma, Freundchen!« begrüßten, rufen die Jugendlichen heute zurück: »Nein. Es tut uns leid. Es geht nicht. Wir würden gerne hören, aber wir kommen aus Gelsenkirchen.« Das erklärt auch pädagogisch eine ganze Menge.

Allerdings glaube ich, dass diese Studie eine Eigenschaft der Ruhrgebietsbewohner völlig außer Acht lässt. Nämlich: Die Leute hier hören sowieso nur das, was sie wollen. Alles andere kommt überhaupt gar nicht erst im Kopf an. Das wird schon im Ohr ausgesiebt. Da gibt es so eine Form von, sagenwirma, akustischem Drei-Wege-Katalysator. Ein Filter, der allein das durchlässt, was einen interessiert. So was entwickelt sich bei vielen auch nach zehn Jahren Ehe oder nach zwei Jahren im Schuldienst. Aber im Ruhrgebiet, da kann das jeder schon von Geburt an.

Das ist bei mir zum Beispiel auch so. Wenn bei mir morgens so 'n Telefonanruf eingeht. Am besten ganz früh morgens, am allerbesten noch vor dem Aufstehen.

Und dann meldet sich so 'ne Stimme und sagt: »Hier ist Erika Dütsch-Grümmlinger, hätten Sie kurz sechzig Minuten Zeit, an einer Marketingumfrage zum Thema Schlaflosigkeit teilzunehmen?« Dann brülle ich »WAT??« und lege auf.

Und wenn die dann noch mal anruft, dann brülle ich wieder »WAT?« und leg noch mal auf. Und wenn die dann noch mal anruft, dann wiederhole ich das. Bis sie irgendwann aufgibt.

Und so, könnte ich mir vorstellen, ist diese Studie zum Thema Hörfähigkeit in Deutschland tatsächlich entstanden. Jedes Mal, wenn ein Mitarbeiter oder eine Mitarbeiterin von denen im Ruhrgebiet angerufen hat, dann war die erste Reaktion: »WAT?«, und dann wurde aufgelegt. Und das haben die dann als Ergebnis ausgewertet. Ist natürlich völlig falsch.

Das sagt ja nichts über das Gehör aus. Die haben bloß den Filter nicht überwinden können. Weil sie die falsche Methode hatten.

Die richtige Methode im Ruhrgebiet ist nämlich, sich gar nicht erst zu melden, sondern direkt anzufangen zu reden.
Am besten beginnend mit einem Rätselsatz, zum Beispiel: »Rate ma, wen ich getroffen hab ...«
Und dann einfach weiterreden. Und zack ist man durch den Filter durch.
Der schönste Rätselsatz, mit dem im Ruhrgebiet Telefonanrufe begonnen werden, ist der hier:
»Rate ma, wer gestorben ist ...«
Das macht zum Beispiel meine Mutter. Anrufen und dann direkt: »Rate ma, wer gestorben is ...« Und während man noch versucht zu raten, wer gestorben ist, redet sie weiter.
Und kein Filter der Welt kann sie stoppen.
So muss man das im Ruhrgebiet machen. Dann klappt's auch mit der Umfrage.

Im Übrigen: Weghören können, das ist ja eine Fähigkeit, die kann ein Segen sein. (und wo weiß man das besser als in Oberhausen, der Stadt, in der der Wendler einmal im Jahr in der Arena auftritt). Es gibt ja Veranstaltungen, die mit Ohren kaum zu ertragen sind. Aber ohne – da geht das.
Manchmal gucke ich mir zum Beispiel einfach die Lippenbewegungen der Kanzlerin ohne Ton an und denke mir dazu einen vernünftigen Inhalt. Gerade bei Politikern ist das oft die beste Lösung.
Unser Innenminister ist ohne Ton einwandfrei, wenn man sich selbst die Inhalte dazudenkt. Dem Regierungssprecher kann ich bis zu dreißig Minuten zusehen, ohne mich zu ärgern, wenn ich das, was der sagt, gebührend ausschalte. Beziehungsweise mute.
So heißt ja der entsprechende Knopf an der TV-Fernbedienung. Der Mute-Knopf. Ist ein super Knopf. Kann ich nur empfehlen.
Sie kennen ja das alte Gedicht: »Selbst Pofalla klingt ganz gut, drückt man früh genug auf Mute.«

Aber man muss auch aufpassen. Wenn man im Wahlkampf zu selten hinhört, dann kriegt man hinterher nach der Wahl die Quittung dafür. Daher mein Tipp: Nur punktuell weghören. Das funktioniert bei Wahlkampfreden von Politikern so: Hören Sie sich alles ganz genau an! Das ist wichtig. Ganz genau.

Und wenn dann der manipulative Teil beginnt, und es letzten Endes darum geht, dass Sie gleich Ihre Stimme abgeben sollen (und darum geht's ja letzten Endes immer), dann sagen Sie laut und deutlich: »WAT?! Meine Stimme? Ich hör hier ja nur Ihre Stimme. Und solang Ihre Stimme lauter is als meine, da können Sie meine nicht haben. Ich kann Ihnen ja nix abgeben, was ich selbst nicht hören kann. Oder haben Sie mich gehört? Ich nicht. Wissen Sie, ich gebe ja grundsätzlich nur Stimmen ab, die auch gehört werden. Insofern: Gutes Gelingen noch – bis die Tage.« Und dann gehen Sie raus.

Und alles, was Ihnen dann noch hinterhergerufen wird; mein Tipp: Da können Sie dann ganz gezielt weghören.

Reuters Gebraucht-
wörterhandel – Folge 1:
Schwarmintelligenz

In der Reihe »Reuters Gebrauchtwörterhandel« untersuche ich moderne Begriffe auf ihren Wahrheitsgehalt – hier nun zunächst einmal das Wort »Schwarmintelligenz«. Dabei handelt es sich ja um die Annahme, dass Menschen in größeren Gruppen gemeinsam intelligentere Entscheidungen treffen als Einzelpersonen. Dieser Begriff ist auch ein Steckenpferd der Piratenpartei, die als Gruppe gleichzeitig versucht, dafür ein möglichst anschauliches Gegenbeispiel zu liefern.

Schwarmintelligenz 1

OHNE SCHEIß, LEUTE:
ICH GLAUBE, DER TYP VERDIENT
SICH MIT DEM ZEUG 'NE
GOLDENE NASE.

JA, VIELLEICHT...
ABER ER IST SO
CHARISMATISCH.

HIHIHI...

HONIG

Schwarmintelligenz

Du machst was nach, das einer nachmacht,
der von jemandem was nachmacht,
der das nachmacht von 'nem Vierten,
den du überhaupt nicht kennz,
und dein Nachbar macht's von dir nach
und danach die ganze Nachbarschaft,
und wenn's dann alle machen, heißt das:
Schwarmintelligenz.

Erstes Beispiel: Abfallbeseitigung

Frau Schmengler schickt am Montag ihren Mann aus dem Haus.
»Komm Ulli, schnapp dir 'n Pulli, stell den Müll schon mal raus!«
Und Uli tut wie ihm geheißen, obwohl er protestiert,
dass der Müll ja erst am Freitagmorgen abgeholt wird.

Doch dann guckt er aus dem Fenster und er sieht: Nebenan
fährt auch Gerd die gelbe Tonne an den Straßenrand ran,
und auch Willi und Tim sieht man mit Schlappen an den Füßen
rollenden Eimers den Morgen begrüßen.

Und auch Eugen und Werner und Thorsten fahren vor
mit Containern voller Restmüll, Tetra-Packs und Styropor,
die man einladend vorne an den Bürgersteig stellt,
auf dass der Müllmann sich freut und zur Abfuhr anhält.

Und gegen sieben ist der Bürgersteig ein Tonnenlabyrinth,
weil alle Eimer aus der Nachbarschaft hinzugekommen sind.
Und die meisten stellen dann Biomüll und Sperrmüll und Papier
sicherheitshalber auch noch mit vor die Tür.

Und knapp vier Tage später trifft die Müllabfuhr dann ein
und kommt vor lauter Abfall in die Straße nicht mehr rein.
Nur an den allerersten Eimer vorne links kommen sie ran.
Der gehört Herrn Blaffke, einem bösen alten Mann,

denn der hat den Eimer da aus lauter Hass auf diese Welt
zum eigenen Vergnügen schon am Montag abgestellt,
nur, um mal zu gucken, wie die Siedlung reagiert,
und alles, was danach kam, hat ihn glänzend amüsiert.

Sie fragen, wie so was funktioniert?
Na, das geht so:

Du machst was nach, das einer nachmacht,
der von jemandem was nachmacht,
der das nachmacht von 'nem Vierten,
den du überhaupt nicht kennz,
und dein Nachbar macht's von dir nach
und danach die ganze Nachbarschaft,
und wenn's dann alle machen, heißt das:
Schwarmintelligenz.

Zweites Beispiel: Der Aktionär

Mit seinen Anteilen an irgendeinem Aktienfonds
sitzt er mit der Bionade und dem iPhone auf'm Balkon
und kontrolliert dort mit dem Handy seinen Aktienstand
und fährt auf dem Touchscreen Unternehmen an die Wand.

Und genauso macht's der Kleinaktionär von nebenan.
Jeder schafft sein Sparbuch ab und Wertpapiere an
von irgendeinem US-Immobilienfonds,
und dann sitzen sie alle wieder mit dem iPhone auf'm Balkon.

Doch dann kauft genau dieser Immobilienfonds das Haus,
in dem die Aktionäre wohnen, und er schmeißt sie alle raus,
zugunsten von Medienfritzenbüros,
und die Rendite ist nicht schlecht, aber die Wohnungen sind se los.

Und jeder fragt: Wie kam das bloß?
Na, das kam so:

Du machst was nach, das einer nachmacht,
der von jemandem was nachmacht,
der das nachmacht von 'nem Vierten,
den du überhaupt nicht kennz,
und dein Nachbar macht's von dir nach
und danach die ganze Nachbarschaft,
und wenn's dann alle machen, heißt das:
Schwarmintelligenz.

Drittes Beispiel: Das Internet

Aber das beste Beispiel für Schwarmintelligenz oder »kollektive Intelligenz« ist natürlich das Internet. Und da vor allen Dingen sogenannte Ratgeber-Communities und Frageportale, allen voran die Internetseite *www.gutefrage.net*.
Und von dieser Internetseite möchte ich nun einen kurzen Auszug vorstellen. Eine Originalanfrage eines Users mit dem Namen »Pferdeschnuller 72«.
Mann oder Frau – keine Ahnung. Ich tippe allerdings auf Frau, denn die meisten Internet-Frageportale sind etwa folgendermaßen gegendert: Frauen stellen dumme Fragen. Und Männer geben darauf noch dümmere Antworten.

Es handelt sich um eine Anfrage mit der Überschrift: »suche bestimmte lustige Musik«.

Mir liegt es am Herzen, darauf hinzuweisen, dass es sich dabei nicht um einen fiktionalen Text handelt. Ich habe das Ganze lediglich zu etwa fünfundzwanzig Prozent redaktionell bearbeitet:

Pferdeschnuller72: »Ich suche eine lustige Musik. Sie wird oft bei lustigen Sachen oder Fasching gespielt. Sie geht (und das steht da jetzt wörtlich): da-da----dadadadada-da--da-dadada-da. Wer weiß, wie das Lied heißt?«

Es folgt eine kleine Auswahl der schönsten Antworten plus Teilnehmernamen:

Peterlustich54: Heißt das irgendwie Yakety oder so? Oder Cancan?
Pianoman81: Vogeltanz ???? Oder Ententanz????
Wolfgang1956: Sing uns das mal vor!
MarkusausEssen75: Meinst du das Lied vom Fußsohlenkitzler: »Die Ferse, die macht ramtamtam und die Brüste zammzammzamm«. Lief stundenlang beim Move dieses Jahr. Wir haben uns kaputt gelacht!! :-)
Pferdeschnuller72: Nein. Das ist es nicht. Das Lied ist sehr schnell und es wird nicht gesungen. Es ist mehr so: da da-da----dadadadada-da--da-dadada-da.
Wilhelm Tell32 aus Wattenscheid: Ah, ich weiß, was ihr meint. Ich weiß ganz genau, was ihr meint. Mannmann. Ich kenne das ganz genau. Ich weiß das. Das Stück. Richtig. da da da-dadadadada-dada und so weiter. Ich weiß, was ihr meint. Es liegt mir auf der Zunge. Aaaah. Aber ich komm nicht auf den Titel. Das wird oft gespielt bei lustigen Videos!!! Voll das schnelle

	Getröte und man meint, man wäre bei der Hasenjagd oder so ...
Pferdeschnuller72:	Ja, genau!!! Ich glaube, du suchst das Gleiche wie ich. So: da-da-da----dadadadadad –da — da-dadadada-da.
Pianoman81:	Hier. Das isses. Ich habs! (Er bindet ein Youtube-Video ein.) Also. Klar, Leute: Man muss das Intro weglassen. Und die Strophe. Und den Refrain. Aber dann: von 1:34 min. bis 1:37 min. Das isses!
Wolfgang56:	Nee. Das ist zu kurz.
Pferdeschnuller72:	Es ist mehr so Da-Da-Da—Da-da-da-da-dadadadada-Da.
Pianoman81:	»Last Christmas« von *Wham*.
Peterlustich54:	LOL (zwölf Ausreifezeichen und ein Smiley, der sich betrinkt).
Pferdeschnuller72:	Nein, das ist zu lang.
Pianoman81:	Könnte es evtl. das hier sein? Da-da-da dadadadada da-da-dadada-da-da-daaaa???

Peterlustich54:   LOL (Schriftgröße zwanzig, etwa fünfundvierzig Ausrufezeichen und eine Gruppe von Smileys, die ein ausgelassenes Fest feiert).

Wolfgang56 (gerät in Rage): WENN DAS JETZT HIER SO INS UNERNSTE ABDRIFTET, DANN MACH ICH NICHT MEHR MIT! (alle Worte in Großbuchstaben, am Ende etwa siebzig Ausrufezeichen und ein Smiley, der sich in einen Kübel übergibt).

Peterlustich54:   LOL (Schriftgröße fünfunddreißig, eine unzählbare Menge von Ausrufezeichen und der Satz: »Was für'n Spacken.«).

Pferdeschnuller72: Ich hab's!!! Ich hab's!! Ein Nachbar hat's mir gebrannt.
Pianoman81: Ja. Und? Was war's jetzt?
Pferdeschnuller72 (wörtlich): Den Titel weiß ich auch nicht.

Wenn du mal wirklich eine richtig gute Frage hast,
so 'ne Frage, die verhindert, dass du nachts zu Rast
und Ruhe kommst, 'ne Frage, die dich manchmal fast
zum Wahnsinn treibt: Behalte sie für dich.
Oder spray sie auf 'ne Brücke. Oder kleb sie an ein Schwein.
Schreib darüber Hip-Hop-Stücke. Druck sie aus und grab sie ein.
Ruf bei Domian an. Frag den, was dich auch immer interessiert.
Nur bitte tu deiner Frage 'nen großen Gefallen
und sorge dafür,
bitte sorge dafür,
dass sie niemand im Internet diskutiert.

Und falls Sie jetzt interessiert, was das tatsächlich für ein Lied war, das *Pferdeschnuller72* da gesucht hat, dann kann ich mit Stolz sagen: Ich habe es herausgefunden!!!
Es war tatsächlich das hier:

da-da-da dadadadadada da-da
dadadada – dada – dadaaadadaaa – da

(Hätte man eigentlich drauf kommen können ...)

Krisenherden und Geburtstagsvorbereitungen

Es scheint also so zu sein, als ob es oft ganz genau andersrum ist: Gerade durch die Zusammenarbeit in einer Gruppe werden intelligente Entscheidungen verhindert.

Die Menschen sind in Gruppen halt doch weniger ein intelligenter Schwarm als eher eine Herde – eine Krisenherde, bei der ein Leithammel immer vorneweg von einem Fettnäpfchen ins nächste stapft, von einer Krise zur nächsten, und alle anderen immer hinterher wie die Elefanten. Oder eben wie Schafe. Mit einem Unterschied. Schafe kriegen sich nicht in die Wolle. Wenn Menschen nach einer gemeinsamen Entscheidung suchen, kriegen sie sich immer in die Haare.

Das ist zum Beispiel bei Kühen auch nicht so. Kühe können den ganzen Tag friedlich zusammen auf der Weide stehen und grasen. Da baut keine einen Gartenzaun um sich rum oder schließt eine Rechtsschutzversicherung ab. Menschen hingegen kriegen sich bei gemeinsamen Entscheidungen immer in die Haare. Selbst im Kleinen. In der Familie.

Wenn jetzt jemand in der Familie beispielsweise einen runden Geburtstag hat. Also, sagen wir mal: Onkel Heiner wird siebzig. Dann sitzen immer alle anderen vorher zusammen und überlegen. Denn wie jedes Mal steht die große Frage im Raum: Was sollen wir da jetzt an diesem siebzigsten Geburtstag bloß machen? Also: »Machen« im Sinne von »aufführen«.

Denn es wird immer etwas aufgeführt. Das ist Pflicht. Es geht nicht ohne. Wenn nichts aufgeführt wird, ist das Geburtstagskind zu Recht beleidigt, denn es musste ja selbst auch schon

bei allen anderen vorher etwas aufführen. Das ist dann ausgleichende Gerechtigkeit.
Und dann sitzen die da eben. Und überlegen.
Und dann sagt einer: »Lass doch wat singen.«
»Ja, wie? Wat singen? Wat sollen wer denn da singen?«
»Na, wat singen – na, den, äh, den Holzmichel.«
»Ja, wie? Den Holzmichel? Jaaaaa, er lebt noch, oder was?«
»Ja. Können wer doch machen. Is doch lustig. ›Ja, er lebt noch. Stirbt nie.‹ Is doch lustig. Beim siebzigsten Geburtstag.«
»Na, ob der Heiner dat so lustig findet. Ich weiß nicht, ob der dat so lustig findet. Kann ich mir nich vorstellen.«
Und dann sagt einer: »Dat ham wer schon bei Onkel Werner auf'm Sechzigsten gemacht.«

Und dann geht dat nich mehr. Denn Wiederholungen kommen nicht infrage. Das ist Gesetz.
»Na, dann lass doch wat dichten.«
»Ja, wie? Wat dichten?«
»Ja, wat dichten. Lyrik. Fest gemauert in der Erden steht ...«
»... Onkel Heiner, oder wat?«
»Ja, man kann doch ma wat dichten.«
»Ja. Aber wat denn?«
»Ja, wat weiß ich. Am besten 'n Gedicht. Schlag du doch ma wat vor. Du kannz nur meckern! Nur meckern kannz du! Immer muss ich wat vorschlagen. Wir ham schon bei Tante Gitti wat gedichtet. Jetzt seid ihr ma dran.«
»Hier, wat is denn damit: Wie schön, dat du geboren bist. Wir hätten dich sonst sehr vermisst ...«
»Dat is doch nich von dir.«
»Nee.«
»Dat is doch für Kinder.«
»Nee. Dat is auch für Erwachsene. Ham die beim Benno auch gemacht.«

»Ja, bei dem. Da kannze dat auch machen. Der is doch schon um zehn besoffen. Aber der Heiner, der trinkt doch nix mehr. Der kriegt dat doch alles mit.«

Und dann, wenn's schon ziemlich aussichtslos ist, dann sagt immer jemand (und, da muss man ehrlich sein, das ist in neunundneunzig Prozent der Fälle eine Frau, meist eine ältere Frau): »Wat is denn mit Männerballett?«
Schweigen.
»Ja, wie? Männerballett?«
»Ich zieh doch nich so 'ne Schläppchen an. Wer bin ich denn, dat ich da so 'ne Schläppchen anziehe?«
»Is doch lustig, Männerballett – hamse beim Günter auf'm Fümundsechzigsten auch gemacht.«
»Na, dann geht dat ja nich mehr.«
»Schade. Boah, wat sollen wir bloß da machen? Wat machen wir da jetzt?«

Und dann macht sich so 'ne gewisse Verzweiflung breit. Und an diesem Punkt kommt's oft zu einem gruppendynamischen Moment. Denn dann hat einer 'ne Idee. Und zwar ist das die Idee, die wirklich meines Erachtens den Menschen von allen anderen Lebewesen unterscheidet. Und es ist gleichzeitig die Idee, die die parlamentarische Demokratie überhaupt erst möglich macht. Denn dann gibt man die Verantwortung ab. Und zwar an jemanden, der gar nicht da ist.
In Abwesenheit. Durch Lob.
Denn dann sagt einer: »Sachma, hatte die Sabine da nicht immer so 'n Händchen für ... die schreibt doch sooo super Gedichte. Hömma. Die hat dat Reimen praktisch inner Blutbahn mit drin. Ich sach immer: Wie Goethe. Nur lustig! ... Ja – jetzt ist die natürlich nicht da, nee ... Aber die könnt dat super machen, glaub ich. Wer is alles dafür?«

Einstimmig.

»Na, dann schreib ich die Sabine ma in die Liste auf. Ich verteil gleich auch noch ma' die Telefonnummer. Und morgen, da rufen wir die alle an.«

»Ja. Da dat jetzt geklärt is: Wat machen wir eigentlich jetzt bei Tilly auffe Silberhochzeit?«

Und dann ist der Job bei der Sabine.
Und wat macht die Sabine? Die ist clever. Die ist natürlich auch kein Goethe, aber: die Sabine hat Internet. Und die geht dann auf www.gedichte-fuer-alle-faelle.de und druckt sich da wat aus. Und wie sie sich dat so durchliest, da denkt sie sich auf einmal: Mensch, da würd doch diese eine bestimmte lustige Musik gut zu passen ... Aber wie heißt die nomma?!?

Der Holzmichl (ein Kapitalistenarsch, wie er im Buche steht, aber: er lebt noch ...)

Gesamtschulsolarstrom

Steht die Sonne hoch am Himmel,
klappt sie gut, die Pausenbimmel,
und das Aulabühnenlicht
leuchtet, wie schon lange nicht.
Das Musikraumkeyboard lärmt,
und der Tonofen erwärmt
sich auf knapp neunhundert Grad,
im Physikraum glüht der Draht
in der Birne des Versuches,
nur Anke meckert: »Ich verfluch es
dies beschissene, schöne Wetter!
Komm wieder, Winter, sei mein Retter,
es war doch wirklich super hier,
als nix mehr klappte wegen dir
und deinen herrlich düsteren Tagen
voll Wolken, die das Licht verbargen
und jeden Sonnenstrahl blockierten,
als Beamer nicht mehr funktionierten
und overheadprojektorlose
Wochen war'n, denn jede Dose
blieb wirkungslos, weil ohne Strom,
und wir waren happy, weil at home.
Da musst ich nicht um sieben raus,
da blieb das Licht am Schultor aus,
und alles war ganz wunderbar,
und alle waren für Solar

und haben laut ›Juchhu!‹ geschrien!
Erneuerbare Energien
waren damals echt total mein Ding,
als der Speicher noch nicht ging.
Doch seit Neuestem klappt die Scheiße
und ausgerechnet jetzt gibt's heiße
Tage voller Sonnenschein:
Ökostrom ist so gemein.«
Wenn alle schrei'n: »Atom, nein danke!«
schreit eine nicht, und die heißt Anke.
Und fluchend guckt sie auf die Uhr,
denn gleich, da schreibt sie 'ne Klausur
über Kafkas »Die Verwandlung«
und kennt davon nicht mal die Handlung.
In solchen Stresssituationen
verhärten sich die Positionen
zu Energie- und Umweltfragen,
und so hört man Anke sagen:
»Ich hasse Kafka und darum
mach ich bei EON Praktikum.
Weil ich in der Schule Mist bin,
werd ich Atomkraftlobbyistin
mit Ausbildung bei Vattenfall.
Kampf dem Umweltstromgelall!«
Dann geht sie rein wie alle Tage
und flucht auf die Solaranlage.

Und weil sie die fünf eh sicher hat
schreibt sie nur diesen Satz aufs Blatt:
»Atomkraft find ich very good,
denn die geht wenigstens kaputt!«

Reuters Gebraucht-Wörterhandel – Folge 2: Salamitaktik

»Salamitaktik« bedeutet in den allermeisten Fällen so viel wie: Arme Würstchen geben sich in ganz kleinen Scheiben der Öffentlichkeit preis. Und der Vergleich zwischen Salamis und manchen Ministern hat ja auch irgendwo seine Berechtigung – bei beiden dauert es ausgesprochen lange, bis sie nicht mehr haltbar sind.

Wir erleben hier einen Dialog zwischen einem investigativen Journalisten (im Folgenden abgekürzt mit J) und einem Politiker (P):

J: Herr Minister, Sie haben vor eineinhalb Monaten gesagt ...
P: Daran habe ich keine Erinnerung.
J: Sie wissen ja überhaupt nicht, was ich Sie fragen wollte.
P: Das ist ja auch nicht relevant, da ich ja an den Sachverhalt keinerlei Erinnerung habe. Insofern können Sie fragen, was Sie wollen.
J: Nun gut. Ich habe hier ein Gesprächsprotokoll, nach dem Sie sagen, dass Sie den Waffenhändler Drahter weder kennen noch jemals mit ihm zusammengetroffen sind.
P: Das war zum damaligen Stand der Veröffentlichungen sicherlich auch meine persönliche subjektive Wahrheit. Allerdings kann ich mich daran nicht erinnern.
J: Sie waren aber mit Herrn Drahter und seiner Frau im Urlaub.
P: Ach, Mensch, Sie wissen doch, wie das bei so Hotelurlauben ist: Man trifft sich morgens kurz beim Frühstück und hat die

ganzen Leute schon nach einer Woche wieder komplett vergessen. Außerdem ist meine Erinnerung generell ...

J: ... eher lückenhaft, ja. Aber Herr Drahter hat ausgesagt, dass sie gemeinsam in einem Haus gewohnt haben.

P: Ach, diese Leute waren das? Und ich hatte mich schon immer gewundert, dass man die so häufig da rumlaufen sieht ...

J: Das ist aber auch kein Wunder. Den Drahters gehört ja das Haus.

P: Wirklich? Daran müsste ich mich doch erinnern.

J: Zumal Sie ja auch insgesamt siebenunddreißigmal da waren.

P: Ach wissen Sie, als Minister reist man ja sehr viel.

J: Aber das Haus müssen Sie doch kennen. Ein Mitarbeiter hat ausgesagt, dass sie selbst die Baugenehmigung für die Villa der Drahters angeordnet haben.

P: Daran habe ich keine Erinnerung.

J: Aber so was merkt man sich doch: Mit Swimmingpool, Hubschrauberlandeplatz und Golfanlage. Im Naturschutzgebiet ...

P: Mir kommen so viele Zettel in die Hände. Da hat mir sicherlich ein Mitarbeiter unachtsam das Dokument irgendwie ...

J: Apropos Dokumente, können Sie sich denn an das Büro im Haus des Waffenversandhändlers Drahter erinnern?

P: So ein ganz großer Raum mit einem Schreibtisch, einem Stuhl und Computer und Telefon?

J: Ja.

P: Nein. Daran habe ich keine Erinnerung.

J: Können Sie sich denn an den Aktenvernichter im Büro der Drahters erinnern?

P: So ein Gerät, in das man oben Papier reinsteckt, und es kommt unten in so ganz fisseligen kleinen Streifen wieder heraus?

J: Ja.

P: Das habe ich nie gesehen.

J: Das sollten Sie aber, weil im Papierkorb der Drahters insge-

samt siebzig Kilo Dokumente gefunden wurden. In fisseligen, kleinen Streifen.
P: Ein fleißiges kleines Gerät, was?
J: Und daran haben Sie keine Erinnerung?
P: Nein. Ich werde jeden Tag mit so vielen nützlichen kleinen Elektrogeräten konfrontiert ...
J: Aber die siebzig Kilo Dokumente stammen aus Ihrem Ministerium. Man hat Ihren Briefkopf auf hundertfünfundvierzig der fisseligen, kleinen Streifen gefunden.
P: Ich habe ja sehr viele Mitarbeiter.
J: Ja, aber in dem Haus der Drahters waren ja nur Sie, oder?
P: Und meine Frau.
J: Und haben Sie die Dokumente vernichtet?
P: Daran habe ich keine Erinnerung.
J: Wollen Sie damit sagen, dass Ihre Frau die Dokumente ...?
P: Das ist natürlich leider zum jetzigen Zeitpunkt nicht gänzlich auszuschließen. Ich vermute aber eher, dass die Wahrscheinlichkeit sehr groß ist, dass ein Mitarbeiter des Ministeriums ohne mein Wissen unbemerkt in das Haus eingedrungen ist, um die Papiere dort völlig ohne meine Kenntnis oder mein Zutun in einer gänzlich von meinem Einflussbereich losgelösten und mir unverständlichen Einzelaktion irgendwie in den Aktenvernichter zu transferieren.
J: Siebzig Kilo?
P: Möglicherweise ein manischer Feind von Akten.
J: Nun gibt es aber ein mit einem Mobiltelefon aufgenommenes Video, das Sie zeigt, wie Sie den Aktenvernichter bedienen. Hier – sehen Sie mal.
P: (guckt) Aha. Ja, das bin ohne Frage ich. Wird das Video veröffentlicht, oder haben Sie irgendwelche kleinlichen, finanziellen Interessen?
J: Veröffentlicht.
P: Gut. Dann kann ich es nicht ausschließen, dass ich in einem

Zustand, der sich allerdings in Gänze meiner Erinnerung entzieht, irgendwie mit einem Blatt Papier in der Hand im Urlaub unglücklich gestolpert bin, wobei das Papier bei dem Versuch, fallend trotz allem die staatsmännische Haltung zu bewahren, in einer sehr unglücklichen Zufallsaktion ohne mein Zutun im Aktenvernichter gelandet ist, was ich persönlich sehr bedauere.

J: Sie haben also Akten des Ministeriums vernichtet?

P: Das habe ich nicht gesagt. Auf dem Video sieht man ein Papier. An dessen Inhalt habe ich keinerlei Erinnerung. Ich persönlich gehe davon aus, dass es sich um die Einkaufsliste meiner Frau handelt. Wir kochen gerne im Urlaub.

J: Aber auf dem Video haben Sie überhaupt keine Kleidung an.

P: Das ist mir gar nicht aufgefallen.

J: Sie sind also nackt im Haus der Drahters, an das Sie sich nicht erinnern können, im Büro, das Sie nicht kennen, mit einer Einkaufsliste Ihrer Frau in der Hand versehentlich gestolpert und dabei zufällig mit der Liste in den Aktenvernichter geraten, den Sie noch nie gesehen haben?

P: Das scheint mir zum gegenwärtigen Kenntnisstand das wahrscheinlichste Szenario zu sein. Ich habe allerdings keine Erinnerung.

J: Interessiert es Sie denn gar nicht, mit welchem Mobiltelefon diese Aufnahme gemacht wurde?

P: Ach, wissen Sie – als Zukunfts-Politiker ist man ja mittlerweile derart an den Einsatz moderner Medien gewöhnt, dass ein einzelnes Smartphone da irgendwo auch an Bedeutung verliert.

J: Dieses Handy ist aber vielleicht für Sie interessant. Denn dieses Handy stammt aus dem persönlichen Besitz einer als Mimi Monique Mi Saint Tropez identifizierten Prostituierten, die auch mit einer Vielzahl von Drogengeschäften in Verbindung gebracht wird.

P: Und Sie beschäftigen sich mit dem Einkaufszettel meiner

Frau! Während in unmittelbarer Nähe das wirkliche Verbrechen seinem schändlichen Tun nachgeht. Das ist ein Skandal!

J: Kennen Sie denn die Prostituierte?
P: Zum gegenwärtigen Zeitpunkt nicht.
J: Dann sehen Sie sich das Video mal weiter an.
P: (guckt) Ja, ich glaube, da lerne ich sie gerade kennen.
J: Wie auch immer – jedenfalls hat sich eine Gruppe arbeitsloser Akademiker in praktikumsfreier Stellung zusammengefunden, und die haben in wochenlanger Kleinarbeit die ganzen fisseligen, kleinen Streifen aus dem Papierkorb des Waffenversandhändlers Drahter wieder zusammengesetzt.
P: Diese armen verirrten Menschen. Das is doch 'ne Sauarbeit.
J: Und dabei ist herausgekommen, dass Ihr Ministerium sich nicht nur seit Jahren von der Raucherlobby, der Waffenlobby, der Atomstromlobby, der Hotel-Lobby, der Autofahrerlobby, der Pharmalobby und der Lobby der Adressenverkäufer schmieren lässt, sondern dass Sie auch noch Parteigelder in sechsstelliger Höhe veruntreut haben und ernsthaft(!) beabsichtigen, der besagten Mimi Monique einen Posten als Staatssekretärin zu verschaffen. Was sagen Sie dazu?
P: Das ist ja ungeheuerlich. Ich werde sofort meinen Staatssekretär entlassen.
J: Und?
P: Und den Pressesprecher.
J: Ja, und Sie selbst?
P: Ich werde natürlich für das, was ich getan habe, die volle Verantwortung übernehmen.
J: Das heißt?
P: Ich werde meiner Frau ihren Einkaufszettel vollständig ersetzen.

Das Fahrradnavigationsgerät. Ein Urlaubsausflug mit der Familie Krächert

Wo der menschlichen Krisenherde der Leithammel fehlt, suchen wir uns heute die Hilfe der GPS-Technik. Noch vor zwanzig Jahren war es ja üblich, dass man sich zunächst einmal mit dem Auto völlig verfahren und dann in Ermangelung von Benzin einen neuen Wohnort angenommen hat. Das ist heute nicht mehr so. Heute fährt man mit dem Navigationsgerät an Orte, die man nie besuchen wollte, und trifft dort auf andere Autofahrer, die da auch nicht hinwollten, aber dasselbe Navigationsgerät haben. Es kommt zu Gesprächen, Fahrgemeinschaften und Kegelvereinen. Diese einende Kraft der Navigation soll nun auch Menschen zukommen, die nicht den Führerschein der Klasse drei haben, darum gibt es seit Neuestem auch das Fahrradnavigationsgerät, im folgenden Bericht getestet von Familie Krächert, die wie immer das Abenteuer da sucht, wo man es nie vermuten würde ...

Szene 1:
Man sieht einen Wald von oben. Das heißt von ganz oben aus der Luft, wo die Bussarde kreisen. Schon jetzt steht die Vermutung im Raum, dass es sich wahrscheinlich um einen sehr finsteren Wald handelt. Dieses Gefühl wird subtil durch eine leise, aber dennoch grauenerregende Streichermusik unterstützt. Auf einmal gibt es eine wahnsinnig teure, hier im Skript aber durchaus bezahlbare Kamerafahrt abwärts, rasend schnell durch die Luft, vorbei an den Raubvögeln, vorbei an Baumwipfeln und Ästen, immer tiefer, tiefer hinein in den Wald. Und man erkennt sofort, dass die Vermutung völlig richtig war: Das hier ist ein finsterer

Wald (saufinster)

Wald. Ein Wald, der so saufinster ist, dass sich kein vernunftbegabtes Mitglied städtisch-menschlicher Zivilisation jemals hier hineinwagen würde.
Dann sehen wir die Familie Krächert:
Vier Personen. Herr und Frau Krächert plus ihre Söhne Pascal und Nico.
Mit Fahrrädern, die sie mühevoll durchs Unterholz schieben müssen, weil der richtige Weg schon vor einigen Kilometern ein jähes Ende im kaum durchdringbaren Dickicht der bislang unberührten Wildheit der Natur fand.
Die Familie verfügt über ein brandneues Fahrradnavigationsgerät mit Puls- und Trittfrequenzmesser. Der Puls von Frau Krächert ist aber sowieso schon jetzt kaum noch messbar. Die Streicher setzen aus.

Manfred Krächert: »Das Fahrradnavi sagt: Gleich so halb rechts, und dann sind es nur noch ganz knapp fünf Kilometer.«

Nico Krächert: »Papa, ich hab Angst.«
Pascal Krächert: »AAAAHHHHH, EINE SCHLANGE!!!«
Nico Krächert und seine Mutter: »AAHHH. WO? WO? HILFE!!! WO?!?«
Pascal Krächert: »April, April.«
Angelika Krächert: »ES IST JUNI!!! Da macht man so was nicht! Jetzt hör mir mal ganz genau zu, mein Freund. Kennst du noch das Märchen von Hänsel und Gretel? Ja?!? Weißt du noch, wie es den beiden ergangen ist? Wenn du das, was du gerade gemacht hast, noch EIN EINZIGES MAL machst, dann bist du beim nächsten Knusperhäuschen fällig!«
Pascal: »Das glaube ich nicht.«
Frau Krächert: »Wieso?«
Pascal: »Weil ich Hänsel und Gretel kenn. Ich hab den ganzen Rückweg mit Haribos markiert.«
Nico: »Das stimmt, Mama. Er wirft die ganze Zeit schon Weingummis auf den Boden.«
Angelika Krächert: »Bist du des Wahnsinns? Das kann ja wohl nicht wahr sein! Jetzt weiß ich auch, wo die ganzen Viecher herkommen. Mich hat schon zwei Mal was gestochen. Lass das sofort sein!«
Nico Krächert: »Er hat eh keine mehr. Jetzt wirft er die Werther's Echte ...«
Pascal: »Du Petze!«
Nico Krächert streckt seinem Bruder die Zunge heraus. Pascal hebt schnell ein Werther's Echte vom Boden auf und legt es darauf: »Da! Mit Ameisenkacke!«
Nico schreit »Bääähh!!!« und spuckt das Bonbon so weit weg, wie er kann. Es landet spann-mittig auf dem lediglich flip-beflopten Fuß seiner ohnehin schon mit der Fassung ringenden Mutter, die vor Schreck ihr Fahrrad zu Boden wirft.
Manfred Krächert: »Das Fahrradnavigationsgerät sagt, hier muss es sein. Da vorne rechts hinter dem Erdloch. Das ist der Weg. Es

ist doch wirklich einfach nur sagenhaft, was so ein Fahrradnavi alles kann. Ich hätte nie gedacht, dass das da überhaupt ein Weg sein könnte. Aber wenn man ganz genau hinguckt, dann sieht man natürlich schon ...«
Pascal: »Papa. Ich glaube, Mama hat einen Fuchs erschlagen.«
Manfred Krächert: »Was?«
Nico Krächert: »Mami hat das Fahrrad umgeworfen, und dabei ist es dem Fuchs auf den Kopp gefallen. Und dann is Mami umgefallen, und jetzt liegt sie auf den Werther's Echten rum und heult.«
Manfred Krächert: »Auf den Werther's Echten?«
Pascal: »Darf ich den toten Fuchs in meinem Zimmer aufhängen?«
Nico: »Ich hab ihn aber zuerst gesehen. Und ich hab Mami mit dem Bonbon abgeworfen. Sonst wär der Fuchs ja gar nicht tot.«
Frau Krächert schluchzt derweil Tränen der Verzweiflung.
Manfred Krächert: »Angelika, was is' denn jetzt schon wieder? Das Fahrradnavigationsgerät hat den Weg längst gefunden. Wir sind so gut wie da. Nur noch ganz, ganz knapp fünf Kilometer. Was machst du da überhaupt? Und wieso liegen hier überall die Bonbons rum? Das lockt doch sofort die Viecher an! In der Reiseführerfunktion vom Fahrradnavigationsgerät habe ich gelesen, dass ...«
Frau Krächert: »WEISST DU, WO DU DIR DEIN BESCHEUERTES FAHRRADNAVIGATIONSGERÄT HINSCHMIEREN KANNST?!? Seit drei Stunden klettern wir schon hier in diesem Scheißwald über die Wurzeln. Ich hab keinen Bock mehr! Ich will mal 'n einziges Mal einen normalen Urlaub machen! Einmal! NICHT MIT DEM FAHRRAD DURCH DIE MITTELDEUTSCHEN AUENWÄLDER!!! NICHT ZUM ERNTEHELFEN AUFFEN ÖKO-BAUERNHOF NACH KACK-SÜDTIROL!
Ich will mir EINMAL in Bulgarien am Swimmingpool die Fußnägel lackieren ... lassen! Mittem Schnaps inner Hand. Verdammtnochmal! DAS KANN DOCH NICH SO SCHWER SEIN! Wenn

ich noch eine Sekunde länger hier im Dreck rumstapfe, dann geb ich mir die Kugel!«

In diesem Moment fällt aus einiger Distanz ein Schuss. Laut und ganz offensichtlich ohne jede friedliche Absicht.

Szene 2:
Man sieht einen Förster und seinen Hund. Der Hund ist abgerichtet. Der Förster ist bewaffnet. Mit einem Schrotgewehr in der Hand hat er gerade mehrere Schüsse abgegeben, ganz offensichtlich in Richtung der Familie Krächert. Er flucht in einem mitteldeutschen Dialekt und lädt das Gewehr noch mal nach.

Szene 3:
Die Krächerts haben sich und die Fahrräder im Erdloch versteckt. Sie sind fast nicht mehr zu sehen. Einzig die weibliche Stimme des Fahrradnavis ist zu hören. Sie wiederholt in kurzen Abständen den Satz: »In zwanzig Metern bitte rechts halten!«
Pascal Krächert (begeistert): »Papa, sind das echte Terroristen?«
Manfred Krächert: »Das Fahrradnavigationsgerät sagt, hier muss irgendwo ein Hochsitz sein. Vielleicht können wir da ja heute erst mal übernachten und dann morgen früh irgendwie weiter.«
Angelika Krächert: »Ich weiß nicht.«
Manfred Krächert: »Was weißt du nicht?«
Angelika Krächert: »Ob ich mich nicht lieber erschießen lassen soll.«
Der Förster: »Vielleicht kann ich Ihnen da weiterhelfen.«
Frau Krächert: »Was machen Sie denn hier?«
Der Förster: »Ich bin der Förster. Das ist mein Wald. Es ist normal, dass ich hier bin.«
Manfred Krächert: »Aber wie haben Sie uns gefunden?«
Der Förster: »Mein Hund hat einfach die ganzen Haribos gefressen. Die Spur führte direkt hier hin. Außerdem sind Sie ja nicht

gerade leise. Selbst wenn Sie mal nicht schreien, plappert das Ding da.«

Manfred Krächert: »Das ist ein Fahrradnavigationsgerät«

Angelika Krächert: »Bitte schießen Sie es kaputt.«

Der Förster: »Apropos schießen. Wissen Sie eigentlich, dass ich grundsätzlich das Recht habe, Wilderer zu erschießen?«

Manfred Krächert: »Wir sind aber keine Wilderer.«

Wortlos zieht der Förster den toten Fuchs aus der Umhängetasche und hält ihn über das Erdloch wie eine Angel.

Pascal Krächert (beißt an): »Das ist mein Fuchs.«

Nico Krächert: »Nein. Den hat Mami für mich erschlagen!«

Der Förster (belesen): »Quod erat demonstrandum.«

Er hebt das Schrotgewehr wieder hoch. Der Hund nutzt diesen Moment für seine Instinkte und schnappt nach dem Fuchs. Er erwischt ihn und trägt ihn im Maul ein paar Meter weit weg. Kurz darauf röchelt er laut.

Nico Krächert: »Ich glaub, der dicke Hund hat sich verschluckt.«

Pascal: »Dann war das Werther's Echte im Fuchsschwanz? Hab ich mir eh gedacht.«

Der Hund röchelt lauter.

Der Förster: »Du meine Güte. Ich muss sofort mit dem Tier zum Arzt ...«

Manfred Krächert: »Das Fahrradnavigationsgerät sagt, in ganz knapp unter fünf Kilometern gibt es einen Gasthof. Vielleicht kann man da telefoni...«

Der Förster: »Jetzt hören Sie doch mal auf mit dem Schwachsinn! Sie sind hier knapp dreihundertfünfzig Meter neben der Hauptstraße. Ich hab selbst da vorne geparkt. Ich muss jetzt los. Aber vorher, Freunde, da mach ich noch ein Foto von euch. Und ich sag euch eins: Wenn mit meinem Hund irgendetwas sein sollte, dann werd ich euch finden!«

Er macht mit dem Handy ein Foto. Dann trägt er den Hund Richtung Auto. Auf dem Weg spuckt das Tier irgendwas aus.

Pascal: »Da! Jetzt hat er den Fuchs wieder ausgekotzt.«
Nico: »Den kannste fürs Zimmer vergessen.«
Frau Krächert starrt ihren Mann in eisigem Schweigen minutenlang an. Dann rinnt ein einziges Wort über ihre Lippen: »Hauptstraße.«
Dann nimmt sie ihre Kinder an der Hand, lässt die Fahrräder stehen und geht.
Nico Krächert: »Mami? Und was ist jetzt mit Papi?«
Angelika Krächert: »Um Papi müssen wir uns keine Sorgen machen. Der hat doch das Fahrradnavigationsgerät. Oh! Kinder! Guckt mal, da vorne. Ist das nicht ein Fuchs? Wenn wir schnell genug da sind, dann kann Mami euch den vielleicht noch eben erschlagen.«
Pascal (freudestrahlend): »Jaaaaaa! Das ist meiner!«
Nico: »Nein! Der erste war deiner. Der da gehört mir!«
Beide Kinder rennen wildernd Richtung Hauptstraße.
Manfred Krächert: »... und was ist jetzt mit den Fahrrädern?«
Angelika Krächert: »Manfred, ich habe mir sagen lassen, in nur knapp fünf Kilometern gibt es einen Gasthof. Da hol ich dich und die Fahrräder in drei Stunden mit dem Sharan ab. Und wenn du nur zweimal läufst, kannst du das bestimmt locker schaffen. Bis dahin drücke ich dir ganz fest die Daumen, dass sich der Hund vom Förster gut erholt! Bis später.«
Dann geht sie ihren Söhnen hinterher, die gerade mit dem Versuch beschäftigt sind, mit bloßen Händen einen Fuchs zu jagen. Und schon nach wenigen Minuten sind sie nicht mehr zu sehen. Übrig bleibt nur der sehr finstere und jetzt auch wieder sehr stille Wald. Und natürlich ein Mann, vier Fahrräder und eine Frauenstimme, die in kurzen Abständen immer wieder nur einen einzigen Satz wiederholt: »In zwanzig Metern bitte rechts halten.«

chinesischer Humor

Vielleicht denkt sich der eine oder andere an dieser Stelle: »Chinesischer Humor? Da bin ich ja noch nie mit konfrontiert worden.« Es scheint mir aber geradezu notwendig zu sein, sich mit chinesischem Humor zu beschäftigen, denn wenn ich meiner Tageszeitung Glauben schenken darf, werden in ein paar Jahren weltweit in erster Linie die Chinesen lachen. Und so wissen wir dann wenigstens, wieso.

Ein Reiseführer schreibt zum Thema »chinesischer Humor« Folgendes: »Das chinesische Lachen ist oft auch ein Ventil für starke Gemütsbewegungen. Deshalb kann es vorkommen, dass Chinesen in Situationen lachen, die für einen Europäer schockierend oder gar ekelerregend sind. Das kann sogar ein Unfall oder auch eine andere Katastrophe sein.«

Vorbereitend dazu das nachfolgende Gedicht:

chinesischer Humor

1.)
Vor der Bühne zwölf Chinesen,
völlig ohne Kontrabässe,
sachlich, von seriösem Wesen
und von sehr vornehmer Blässe.

Auf der Bühne (gleichfalls blass)
der Hotelanimateur,
witzelnd über Günter Grass,
bleibt er hier ohne Gehör,

denn da lacht nicht ein Chinese.
Jeder Günter-Gag verreckt.
Kurze Pause. Hypothese:
»Die ham bloß zu wenig Sekt!«

2.)
Vor der Bühne zwölf Chinesen,
jeder mit 'nem Sekt frei Haus
gespendet vom Hotelbartresen,
seh'n genau wie vorher aus,

denn Champagner bleibt als Droge
wirkungsloses Nervengift,
wo man – so der Sinologe –
chinesischen Humor nicht trifft.

Auf der Bühne plärrt jonglierend
der Komiker und schreit: »Jetzt alle!«
Dann folgt nichts. Er geht. Sinnierend:
»Wie beim Frauentag in Halle.«

3.)
Auf der Bühne liegt ein Kabel,
das man erst mal so nicht sieht,
doch es liegt da formidabel
für alles, was dadurch geschieht:

Auf der Bühne: Stolpern, Krachen,
es bricht des Entertainers Knie.
Vor der Bühne Kichern, Lachen -
Chinesen amüsiert wie nie.

Nach der Show nur Lobgesänge:
Chinesen, die nach Karten fragen
für's Programm in voller Länge.
Der Künstler liegt im Krankenwagen.

Reuters Gebrauchtwörterhandel – Folge 3: Prequels, Sequels und Crossovers

Die Vorgeschichte zu einem schon bestehenden Film oder einer Serie nennt man bekanntlich ein »Prequel«. Berühmtestes Beispiel dafür ist ja sicherlich der 1999 entstandene Film *Inspector Gadget*, der erstmals die Vorgeschichte der beliebten Zeichentrick-Fernsehserie aus den Achtzigerjahren mit dem gleichen Namen in allen Einzelheiten auf die Kinoleinwand brachte. Zur selben Zeit machten auch die Prequel-Filme der *Star-Wars*-Serie Furore, konnte hier doch erstmals gesehen werden, wie der Roboter R2D2 als uneheliches Produkt der flüchtigen Liaison zwischen einem Delonghi-Latissima-Kaffeevollautomaten und der Mikrowelle aus dem Frachtpersonalaufenthaltsraum des Mos-Eisley-Raumhafens eine schlimme Jugend verlebt, sich dann aber trotzdem von der dunklen Seite der Macht fernhält und regelmäßig seine Hausaufgaben aus dem Flötenkursus »volkstümliche Songs für Androiden« einübt.

Früher – und da werfe ich jetzt gerne mal fünf Euro in die Vergreisungskasse als Strafe für öffentliche Vergangenheitsglorifizierung –, also: Früher, da gab es keine Prequels.

Da gab es noch Sequels.

Das war möglich, weil es zu dieser Zeit bei der Produktion von Filmen noch etwas gab, das es heute nicht mehr gibt, nämlich einen sogenannten Drehbuchautoren, der sich immer irgendwie überlegen musste, wie die Geschichte dann im nächsten Film weitergeht. So entstand zum Beispiel der Film *Terminator 2*.

Später wurde die Tätigkeit der Filmautoren dann aus Rationalisierungsgründen komplett von der Berufsgruppe der Kabelhilfen und Spezialeffektassistenten mit übernommen. So entstanden die Filme *Terminator* 3 und 4, *Matrix* 2 und 3 und *Blues Brothers 2000*, dessen Handlung komplett vom Bernhardinermischling des damaligen Dessert-Cateringassistenten des Films noch während der Dreharbeiten ersonnen und von einem Hundegebärdendolmetscher in Eile an den Regisseur weitergegeben wurde, leider zum Teil fehlerhaft, weil das Tier einen schweren Sprachfehler hatte, den der Hunde-Dolmetscher nicht verstand.

Prequels und Sequels haben eines gemeinsam: Es gibt sie maßgeblich aus zwei Gründen: Zum einen aus einer finanziellen Motivation heraus. Es sind ja bei großen Mietwohnungen in Hollywood ganz oft die Nebenkosten, die einen auffressen. Zum anderen aber auch, weil ein berechtigtes Interesse daran besteht, wie manche Geschichte weitergeht. Oder halt, was vor der jeweiligen Geschichte geschah. Die Nebenkosten sind aber die weit häufigere Motivation.

Daher gibt es nun noch eine weitere Möglichkeit, Filme fortzusetzen, bei der selbst der schriftstellernde Bernhardiner-Mischling seinen Job verliert, nämlich das sogenannte Crossover. Das bedeutet nun nichts anderes, als dass zwei beliebte Filmreihen, die nichts miteinander zu tun haben, in einem gemeinsamen Film zusammengelegt werden, was vom Prinzip her so ähnlich vorstellbar ist wie das mittlerweile ad acta gelegte Experiment eines idealistischen Streetworkers, eine gemeinsame Begegnungsstätte für *Bandidos* und *Hell's Angels* im Duisburger Innenhafen auf die Beine zu stellen. Ein besonders bewegendes Beispiel für diese Filmgattung ist der Streifen *Alien vs. Predator 2*, ein Film, dessen Handlung komplett ohne Bild und Ton auskommen würde.

Warum erzählt er uns das alles? Diese Frage hat auch ungestellt eine gewisse Berechtigung. Darum möchte ich sie hier sofort beantworten. Der Grund ist ein literarisch-agrarischer:

Hier scheint mir ein Textgattungsfeld, ich sage mal, neu beackerbar. Und daher schnalle ich mir auch ab jetzt immer mal wieder den kinematografischen Ochsenpflug um den Hals und sende Vorschläge nach Hollywood, welche Prequels, Sequels und Crossovers man dort in den nächsten Jahren noch in Angriff nehmen könnte. Einige dieser Ideen werde ich direkt an Sylvester Stallone adressieren. Vielleicht kann ja der nächste Rambo so noch verhindert werden.

Hier nun also aus der Rubrik »Prequels, Sequels und Crossovers« meine drei Vorschläge:

Sequel: Spongebob 2 – jetzt ohne Wasser, dafür in 3D.

Gezeigt wird zwei Stunden lang ein völlig trockener Schwamm, der nichts macht, außer in der Sonne noch weiter auszutrocknen. Dabei schweigt der Schwamm derart inständig, dass man meinen könnte, er würde schlafen. Ist aber nicht so. Ein einziges Mal, nach knapp anderthalb Stunden, macht der Schwamm ein leidendes Geräusch. Danach ist es wieder still.

Der Film richtet sich vor allem an Eltern, die die Erlebnisse eines einwöchigen Kindergartenausfluges in einer Entspannungstherapie verarbeiten wollen. Der Film kann zu Beginn und zum Ende der Kur gezeigt werden. Am Schluss tut jemand den Schwamm in einen Wäschekorb, wo er völlig trocken für immer die Klappe hält. Diese Idee habe ich dem Bundesbildungsministerium vorgelegt. Die Mittel werden aber letztlich wahrscheinlich vom Gesundheitsministerium bewilligt.

Prequel: Die Vorgeschichte zu Miss Marple mit dem Titel Little Miss Marple

Die Handlung ist genauso wie bei allen anderen *Miss-Marple*-Filmen, mit dem einzigen Unterschied, dass Miss Marple in diesem Film erst Anfang zwanzig ist, was der Geschichte eine ganz neue

Jugendlichkeit verleiht. Der Film ist in poppigen Modefarben angelegt, und Miss Marple fährt auf einem Skateboard.

Für die Rolle der Miss Marple vorgesehen ist Veronica Ferres, die zwanzig Jahre jünger geschminkt wird, aber mit den Gesichtszügen von Margaret Rutherford. Weitere Spezialeffekte sind nicht vorgesehen.

Diesen Filmvorschlag habe ich bisher nur meiner Mutter geschickt, die die Idee für gewöhnungsbedürftig hält und als Geldgeberin nicht zur Verfügung steht.

Crossover-Film: Col-Rambo

Am Anfang sieht man eine halbe Stunde lang, wie keiner erschossen wird. Dann kommt Colrambo. In der Hauptrolle ein Schauspieler, der gleichzeitig Peter Falk und Sylvester Stallone ähnelt. Er trägt einen Trenchcoat und ein Stirnband, fährt mit

Freddy vs. Michel

Suppenschüssel Reloaded

einem alten Peugot 403 durch die Straßen und erschießt alle, die in der ersten halben Stunde nicht erschossen wurden, weil er sie für Tatverdächtige hält.

So löst er den Fall im Ausschussverfahren. Der Zuschauer kann mitraten, um welchen Fall es überhaupt geht. Die Columbo-typische Formulierung »Ich hätte da noch eine Frage« wird ersetzt durch den Satz »Eine ist noch übrig«, womit meist eine Patrone, gelegentlich aber auch ein Verdächtiger gemeint ist. In beiden Fällen wird danach geschossen. Der Film richtet sich an die Leute, die auch *Alien vs. Predator 2* gemocht haben.

Die Idee habe ich Sylvester Stallone geschickt. Er findet sie großartig. Wahrscheinlich wird der Film im nächsten Jahr vom 8. bis zum 10. Januar gedreht.

Finanziert wird das Ganze per »Crowdfunding«. Crowdfunding (oder Schwarmfinanzierung) hieß in den neunziger Jahren des letzten Jahrhunderts noch »Hasse ma 'n bisschen Kleingeld?« und ist vergleichbar mit dem Kauf einer Straßenzeitung, bloß dass man keine Straßenzeitung bekommt. Es geht von der Idee aus, dass, wenn ganz viele Menschen für sich allein sehr wenig Geld haben, alle zusammen aber trotzdem ganz viel haben. Gleichzeitig geht das Modell aber auch davon aus, dass diese Menschen das ganz viele Geld, das sie dann zusammen haben, sofort wieder abgeben müssen. Oft an Filmemacher. Dann haben alle Menschen zusammen erst mal wieder nichts. Und der Filmemacher dreht damit meist irgendeinen Streifen, bei dem sich hinterher alle im Kino denken: Da hätte ich eigentlich besser die Straßenzeitung lesen können.

Für einen solchen Film ist das Drehbuch zu *Col-Rambo* geradezu prädestiniert. Die Bankverbindung erfahren Sie in Kürze auf *www.sylvesterstallone.com*

Schwarmintelligenz 2

ein Huhn mit Schnee füllen

Den Infotainment-Teil des Buches abschließen soll nun ein Geschichtsgedicht, das irgendwo der wissenschaftlichen Konzeption des berühmten ZDF-Historikers Guido Knopp folgt, das heißt: Die Rahmendaten stimmen so ungefähr.

Die Handlung habe ich komplett frei erfunden. Es dreht sich um den Tod des englischen Philosophen Francis Bacon, der nicht nur für den Ausspruch »Wissen ist Macht!« berühmt geworden ist, sondern auch dafür, dass er tatsächlich bei dem Versuch ums Leben gekommen ist, ein Huhn mit Schnee zu füllen.

ein Huhn mit Schnee füllen

Als sich Sir Francis Bacon zur Winterzeit
morgens wusch, kam ihm diese Idee:
»Ich erhöhe die Suppenhuhnhaltbarkeit
durch gezielte Befüllung mit Schnee.«

Und also sprang Bacon verzückt aus dem Bad
und rief: »Heute schreib ich Geschichte!«
mit 'nem Blick, wie wenn Wahn sich mit Wissenschaft paart.
Seine Frau gähnte: »Francis, berichte …«

Und Bacon schrie: »Alice, ein Huhn muss ins Haus.«
»Besser ein Arzt«, dachte sie.
Dann schrieb sie ins Tagebuch: »Francis flippt aus.
Macht jetzt Federviehlosophie.«

Das war im Dezember, und draußen lag Schnee,
als der Butler vom Markt kam und fluchte:
»Ich bin um zehn los, und gleich gibt's hier Five o'clock Tea,
bloß weil ich das Huhn ständig suchte.

Alle fünf Meter riss es mir aus.
Die Kutsche musste jedes Mal halten.
Und wenn's schneit, sieht so 'n Huhn ja wie 'n Schneehaufen aus.
Komm, jetzt nimm's und dann bring's halt dem Alten.«

»Ah. Das Huhn«, jauchzte Bacon. »Wohlan, nun beginnt
eine Ära der Haltbarkeit neu.«
Das Huhn sagte gar nix – wie Hühner halt sind,
schmiss ein Glas um und legte ein Eu...

...rythmieähnliches Tänzchen auf's Schreibtischparkett,
wie wenn es das Wort »Schnaps« tanzen wolle,
dann soff es die Reste des Gins vom Tablett
und hatte ab da Spaß wie Bolle.

Es sang schmutzigste Lieder, wie sie kein Huhn je sang
von der See und vom Rum-Cocktails-Shaken.
Und weil das Huhn so besoffen war, darum misslang
auch die Planung von Sir Francis Bacon.

Dessen Ursprungsversuchsplan sah so aus: Ein Rohr
mit 'nem Trichter plus ein totes Hühnchen,
doch das Huhn war am Leben wie niemals zuvor,
tanzte Limbo und ließ sich nicht lyhnchen.

Es grölte wie ein englischer Fußballanhänger
und wich jeglichem Jagdversuch wendig
aus und Bacons Gesicht wurde länger,
und er schnaubte: »Gut. Dann halt lebendig!«

Alles, was nun geschah, lässt sich vielleicht
noch mit Wissenschaftsehrgeiz erklären.
Trotzdem – heut würde man sich, wenn ein Film so was zeigt,
beim Tierschutzbund drüber beschweren.

Bacon griff sich das Huhn, als es gerade dabei war
in die Standuhr ein Ei abzulegen,
und er steckte die Hand rein, wo vorher das Ei war,
einer zukünftigen Schneezufuhr wegen.

Und mit der Linken würgte er das Tier
wie ein cholerischer Handpuppenspieler.
In dem Moment stand seine Frau in der Tür,
der das ganz offensichtlich zu viel war.

»Francis, was immer deine Hand in dem gackernden Vieh
da macht. Diese Frage kann warten.
Aber in fünf Minuten kommt Mutti zum Tea
und dann seid ihr beide draußen im Garten.

Danach ging sie zum Tagebuch und unterstrich
den Eintrag vom Morgen zehnmal,
während Bacon zufrieden zum Garten rausschlich
und sich dachte: »Das ist doch ideal:

Draußen liegt Schnee, der als Huhninnenfutter
gut geeignet ist, und mal ehrlich:
Im Vergleich zum Fünf-Uhr-Tee mit Schwiegermutter
ist der Winter auch halb so gefährlich.«

Dem Huhn war's auch recht, denn das fand
gerade im Suff seine innere Mitte,
und es übte im Schneesturm auf Sir Francis' Hand
ein paar Sitz-Boogie-Woogie-Tanzschritte.

Und so kam's, dass die zwei draußen auf der Veranda
alle Gefahr aus den Augen verloren
mit der Folge, dass sie zunächst aneinander
und dann auf der Veranda festfroren.

Das sah aus wie ein Bauchrednerdenkmal aus Schnee,
als man beide spät nachts dann befreite,
und als die Hand endlich raus war, krächzte Bacon: »Olé!«
weil es endlich ins Huhn hineinschneite.

Und auch wenn er eine heftige Lungenentzündung
bekam, weil's ja wirklich sehr kalt war,
war Bacon gut drauf und hier kommt die Begründung:
Das Huhn war noch ewig lang haltbar.

Klar, erfror'n war es auch, aber sicherlich noch
wochenlang kulinarisch verwertbar,
und bevor Bacon starb, sprach er lang mit dem Koch,
der bestätigte, dass es das wert war.

Dann sagten die beiden einander Lebwohl.
Das Huhn briet man sechs Wochen später.
Und es schmeckte vorzüglich nach Alkohol,
dabei war da gar keiner im Bräter.

Darum lob ich es laut, wenn die Philosophie
sich mal löst vom gewohnten Terrain,
denn so hab ich dies Gedicht und die Gastronomie
so was Leckeres wie Coq au Vin.

Und auch Sir Francis Bacon starb als zufriedener Mann
mit einem Lächeln auf seinem Gesicht,
denn was man über sein Ende auch sagen kann:
ereignislos, sinnfrei und unkreativ – das war's in jedem Fall nicht.

TEIL 3:

Geschichten, bei denen man überhaupt nichts lernen kann

Angela und Moe

Öd und leer war der verdammte
Alltag dort im Kanzleramte.
»Was nütz's, dass du der Boss hier bist,
wenn's trist wie einst im Osten ist«,
dachte sich die Kanzlerin,
dann ging sie zum Tierpark hin.
Denn sie wollt sich dort 'nen Affen
zur Belustigung beschaffen.
»Wen Justin Bieber nicht vergrault,
der wird auch gern von mir gekrault«,
sagte sie sich, nahm das Netz
und brach das Eigentumsgesetz.
3 Uhr nachts war's im April,
da schnappte sie sich den Mandrill.
Mit Pfeilen aus 'nem Pusterohr
betäubte sie ihn hinterm Ohr.
Der Affe senkte seine Lider,
schon fand er sich im Rucksack wieder.
Den Sack schnallte die Kanzlerin
sich rücklings auf (mit Beute drin).
So sprang sie kichernd von der Mauer
als Staatschefin und Affenklauer.
Gesehen hatte das bloß einer –
und dem glaubte später keiner.
Auch die Flucht lief wie geschmiert,
denn Angela war gut maskiert:

Sie trug die Maske von Darth Vader -
das macht ja in Berlin fast jeder.
Ob Flashmob oder Psycho-Leiden:
Wer kann das heut noch unterscheiden?

Im Kanzleramt dann angekommen,
war der Mandrill total benommen.
Im Büro der Kanzlerin
legte er sich schnarchend hin
und knackte dort noch knapp zwei Stunden,
dann war das Valium überwunden.
Er gähnte laut und sagte: »Scheiße!
Ick sauf zu viel Berliner Weiße.
Wat is 'n det für 'n Laden hier?
Komm, Tussi – bring mir 'n Konterbier.«
»Ach, guck mal an, der Affe spricht.«
So entsetzt war Angie nicht.
Im Wahlkampf und auf Dorfmarktplätzen,
muss man ja oft mit Affen schwätzen,
dachte sie sich arrogant,
dann gab sie dem Mandrill die Hand
und sprach: »Ich bin die Chefin hier.«
»Is mir egal, bring Konterbier!«
Mehr kam so erst mal nicht vom Affen,
darum ging Angie Bier beschaffen.
Jedoch: Im Amt gab's nur Beck's Gold,
Pofalla hatte das gewollt.
Davon gab sie dem Affen eine.
»Verarschen kann ich mich alleine«,
sprach der. »Du Hosenanzugstante
gibst dir mit Tuntenbier die Kante,
aber ich will echtes Pils!«
Das war das Mantra des Mandrills.

Dann schnappte er sich Angela
und schleifte sie zu einer Bar,
wo's Schultheiß gab und Fernet Menta,
ganz weit entfernt vom Parlament, da
wo's auch nicht auffällt, wenn Primaten
des nachts gegen Darth Vader darten.

Dort tranken sie dann Brüderschaft
mit Weizenbier-Bananensaft.
»Ich bin die Angie.« – »Ick bin Moe.«
»Bin CDU-Chef.« – »Ick beim Zoo.«
»Ich mach Physik.« – »Ick sauf gern Biere.
Komm, klaun wa'n Auto! Ick steh Schmiere.«

Angela war angetan.
Der Affe hatte echt 'nen Plan.
Und man beschloss im Morgengrauen,
Bushido seinen Benz zu klauen.
»Die Kiste«, sagte Angela,
»gehört doch eh der Mafia.«
Und Moe rief: »Jo! Ich hol die Knarre.
Wir klauen die Asi-Rapper-Karre.«
»Wer Kackmusik und Gangsta-Stuss
ans Volk verjuxt, der fährt bald Bus!«,
so sangen Kanzlerin und Affe,
sie mit der Maske, er mit Waffe.
Und fröhlich wankten sie dahin
mit nix wie Autoklauen im Sinn.

Die Karre parkte vor 'ner Disse
und Moe rief: »Angela, das isse!
Die S-Klasse vom Gangstaschwein!
Pass auf! Da steigt er gerade ein!

Mann, Scheiße! Der entwischt uns glatt.
Ich schieß den Vorderreifen platt.«
Doch Angie schrie: »Du bist zu blau!
Da triffste nicht mehr so genau.
Gib mir die Knarre, du Idiot.«
Und Merkel schoss Bushido tot.

Zumindest sah's erst mal so aus,
denn Blut kam aus dem Rapper raus.
Doch wie beim Gangsta-Rap fast immer:
Es wirkte alles optisch schlimmer.
Denn (zum Glück) war's halb so wild;
am nächsten Tag stand in der Bild:
»Bushido verliert das linke Ohr!«
Der Spiegel nahm es mit Humor:
»Jetzt macht Bushido auf van Gogh!«,
und bei Facebook gab's dann noch
'ne Gruppe namens »Einohrgangster«,
und das war's auch schon. Denn längst war
Polizei und Medien klar:
Keine Sau kriegt raus, wer's war!
Im ganzen Unterweltmilieu
sagten Informanten: »Nö.
Wir wissen auch nicht, was da los war.«
Bloß dass Bushidos Schock so groß war,
dass er fortan halt nicht mehr rappte,
nur wortlos noch im Fernsehen steppte
in RTL-Shows wie *Let's Dance*:
Das irritierte seine Fans.
Ein Bodyguard bezeugte zwar,
dass da halt so ein Affe war,
der gemeinsam mit Darth Vader,
Entfernung circa fünfzig Meter,

gezielt aufs linke Ohr vom Boss
mit einer Pistole schoss.
Bloß: Den brachte die Wahrheit halt
zunächst mal in 'ne Heilanstalt.
(wo er 'nen Entzug begann
und – wie's manchmal laufen kann:
Nachdem er dann entlassen war,
wurde er Bibliothekar.)

Angela und Moe jedoch
ham die Waffe immer noch.
Sie liegt – und kein Mensch ahnt sie da:
im Sockenfach von Angela.
Denn da guckt nie die Kripo hin:
ins Sockenfach der Kanzlerin.
Und seit diesem Tage zieh'n
die zwei als Team durch ganz Berlin:
Angela und Affe Moe,
gesetzlos, nachtaktiv und froh,
Fernet saufend, Haus beschmierend
den neuen Flugplatz sabotierend,
Karren klauend, Gangster neckend
und sich im Gebüsch versteckend,
nie mit Weizenbieren geizend
und Investmentbanker reizend,
Lieder grölend, Scheiße bauend,
dem Spießervolk den Tag versauend:
Das ist unsere Kanzlerin.
Es steckt viel mehr in Angie drin,
als sie dem Rest der Welt so zeigt.
Ein Affe weiß das. Und der schweigt.

FRÜHLiNG iN DeR SYSTeMGaSTRONOMie

Was die Küchenschaben anbelangte, galt in Yong Wan Trans »Mr. Asias Wok Imbiss« seit Jahren folgende einfache Regel: nicht beachten, wenn Kunden zusehen.
Das funktionierte auch ganz gut. Wenn sich eine Kakerlake in der Nähe der Theke zeigte, dann ignorierte man sie einfach und nahm wie gewohnt die Bestellungen entgegen. Meist fiel das Insekt auf diese Weise keinem so richtig auf. In schwierigeren Fällen musste man den Kunden in ein kurzes Gespräch verwickeln oder in eine andere Richtung blicken, um so die Aufmerksamkeit abzulenken. »Sieht Kunde nur, was du ihm zeigen«, hatte Herr Tran bei der Einarbeitung erklärt. »Musst sein wie David Copperfield.«
An diesen Satz musste Michael noch lange immer wieder denken. Im Grunde ja kein schlechter Tipp. Aber eben nur dann, wenn man von einer Küchenschabe ablenken will.
Weil die halt klein sind.
Weil so 'n Cucaracha-Viech mit seinen knapp drei Zentimetern Länge ohnehin kaum ins Auge fällt, was bei einem toten Chinesen von 1,80 Meter und 'nem Gewicht von sicherlich (ganz sicherlich!) dreieinhalb Zentnern aber mal ein ganz anderer Fall war. Ein komplett anderer Fall.
Herr Tran hatte seinen Kopf in die Fritteuse gesteckt.
Eine direkte Folge der Finanzkrise.
Noch vor einem Jahr hatte Yong Wan Tran seinen Imbiss nicht nur ausgebaut, sondern hoffnungsfroh auch noch mit einem Drive-In-Schalter versehen und neu eingerichtet, weil er davon

ausgegangen war, dass das Interesse an frisch frittierten Frühlingsrollen und gebratenen Nudeln im Gewerbegebiet niemals abreißen würde. Dann machte die erste benachbarte Firma zu. Dann die nächste und die übernächste. Letztlich blieben nur noch ein Kranverleih übrig und ein Typ, der in einer Riesenlagerhalle sogenannte Monstertrucks und Bühnentechnik hortete, um diese gelegentlich an Stadtfeste zu vermieten. Und natürlich der für hundertfünfzigtausend Euro renovierte Mr. Asia Wok Imbiss mit brandneuem Drive-In-Schalter von Yong Wan Tran. Diese Tatsache und der ständig anwachsende Schuldenberg wirkten sich vernichtend auf Herrn Trans Stimmung aus.

»Und immer müssen zahlen die kleine China-Mann«, war fast das Einzige, was man noch von ihm zu hören bekam. Eine vor allem angesichts des beachtlichen Umfangs und der Größe des kleinen China-Mannes recht kühne These, wie Michael fand.

»Einen Chicken-Tandoori-Wrap, achtmal gebratenen Reis und vierzehn Frühlingsrollen, bitte.«
Wenn Michael jemals einen Zweifel an der zynischen Ungerechtigkeit des Zufalls gehabt hätte, dann wäre der spätestens in diesem Moment ausgeräumt gewesen. Die ersten Kunden seit knapp fünf Tagen bestellten die größte je bei Mr. Asias Imbiss in Auftrag gegebene Menge an frisch frittierten Frühlingsrollen – und das ausgerechnet zwanzig Minuten, nachdem sich der depressive Inhaber in der Mittagspause dazu entschlossen hatte, die Fritteuse auf unabsehbare Zeit durch seine eigene letzte Ölung unbrauchbar zu machen.
»Hallo, Sie da! Sind Sie zu beschäftigt oder was? Einen Chicken-Tandoori-Wrap, achtmal gebratenen Reis und vierzehn Frühlingsrollen. Bitte!«
»Äh. Den Wrap und den Reis kann ich Ihnen machen, aber Frühlingsrollen sind aus.«
»Wie aus?«

»Na, aus halt – nicht da.«
»Ja. Und wo sind die hin?«
»Wasweißich – die sind eben aus ...«
»Ja sind die auf Kegeltour oder was? Jetzt hör mal zu, Kollege – wir sind acht Mann. Wir haben Mittagspause. Wir haben Hunger. Und wenn du kein' Bock hast, mal 'n bisschen was zu arbeiten in deinem Geister-Restaurant hier, dann ist uns das scheißegal. Wir wollen jetzt vierzehn Frühlingsrollen. Mit doppelt Sambal Oelek. Und zwar bevor unsere Mittagspause vorbei ist. Und jetzt gib Gummi.«
Michael sah sich die Gruppe kurz genauer an. Acht muskulöse Männer, deren Stimmung stark zu kippen drohte. Was suchten die eigentlich hier? Jetzt mal ganz ehrlich – unabhängig von der momentan belegten Fritteuse. Was zum Geier suchten diese Typen hier? Hier arbeitete seit zwei Monaten keiner mehr. Hier gab's überhaupt keine Arbeit. Das hier war arbeitsplatzmäßig die Wüste Gobi aus Stein. In langweilig.
»Was suchen Sie eigentlich hier?«
Michael hatte es noch nie richtig hinbekommen, Fragen erst zu überdenken und dann zu stellen.
»Wie, was suchen wir hier? Ich glaube, es hackt. Was suchen denn die Leute sonst hier bei dir? Ich bestell was, und dann essen wir. Das suchen wir bei dir! Also vorausgesetzt, du gehst jetzt endlich mal dazu über, eure ach-so-knusprigen Frühlingsrollen zu frittieren, die hier überall angepriesen werden. Ist das ungewohnt für dich? Kommt man hier sonst nur zum Labern hin oder was? Oder bist du für Frühlingsrollen nicht ausgebildet?«
In diesem Moment hörte Michael zum ersten Mal in seinem Leben eine Stimme aus dem Mikrofon des Drive-In-Schalters:
»He, was ist denn da los? Kommt hier mal langsam jemand? Einmal Schweinefleisch süß-sauer, Menü zwölf: knusprige Ente und vier Frühlingsrollen, bitte. Hallo? Sind Sie eingeschlafen?«
Zusammengerechnet achtzehn Frühlingsrollen mittlerweile.

Unfassbar. So viel hatte Michael noch nie in einer halben Stunde verkauft. Nicht mal, als der Laden noch einigermaßen gut lief. Also – sicherlich – heute würde er die auch nicht verkaufen. Aber schon die Möglichkeit dazu weckte in ihm ein Gefühl, wie es wohl normalerweise nur Goldgräbern und skrupelfreien Investmentbankern vorbehalten ist. Achtzehn Frühlingsrollen. Einmal Menü zwölf, achtmal gebratener Reis. Schweinefleisch süß-sauer. Und ein Chicken-Tandoori-Wrap.

Wenn Herr Tran das noch hätte erleben dürfen, dann wäre in ihm sicherlich wieder der unbändige Geschäftsgeist aufgeflammt, der ihn damals von jeder Frühlingsrolle zur nächsten angetrieben hatte, als der Wok Imbiss noch neu war. So verhinderte aber gerade Mr. Asia persönlich die Herstellung seiner Haupt-Spezialität. Und genauso den Tandoori, wie Michael missmutig feststellen musste, weil Trans massiger Körper vor dem Kühlschrank mit dem Wrapgemüse so fehlpositioniert liegen geblieben war, dass kein Mensch jemals in der Lage gewesen wäre, die Tür auch nur einen Spalt breit zu öffnen.

»Hör mal, Freundchen, wenn's hier nicht gleich was zu essen gibt, dann rappelt's im Karton.«

Achtzehn Frühlingsrollen, dachte Michael. Achtzehn. Was hätte Herr Tran sich gefreut. Da sieht man mal, was passiert, wenn man den Aufschwung nicht abwartet. Wenn man die Hoffnung zu früh verliert und sich der Krise hingibt, ohne auf die Selbstgesundung der deutschen Wirtschaft zu vertrauen. Dann liegt man nämlich irgendwann in der Küche rum und verpasst das Geschäft seines Lebens.

Wieder ertönte das Drive-In-Mikrofon: »Ey, Leute, gleich fahr'n wir weiter. Was issen das für 'n Laden hier?!? EINMAL MENÜ ZWÖLF: KNUSPRIGE ENTE, SCHWEINEFLEISCH SÜSS-SAUER UND VIER FRÜHLINGSROLLEN! IST DA ÜBERHAUPT WER DRIN BEI EUCH???«

Michael fasste einen Entschluss. Auf diese Weise wollte er den Todestag seines ehemaligen Arbeitgebers nicht verstreichen lassen. Das war nicht drin. Hier galt es, einem mutigen Unternehmer posthum die Ehre zu erweisen, die er verdiente.
Michael musste irgendwie an Herrn Tran vorbeifrittieren.
Er ging zur Kasse.
»Alles klar, mein Herr. Vierzehn Frühlingsrollen und achtmal gebratenen Reis«, bediente er zunächst die Gruppe an der Theke. Und dann mit dem Tonfall eines kundengesprächsgeschulten Krankenkassenbeamten: »Den Wrap kann ich Ihnen allerdings heute leider nur mit Krautsalat machen. Dafür gibt's mehr Chicken und doppelt Tandoori-Soße. Wünschen Sie ein großes Getränk dazu?«
Acht große Cola. Was für ein Tag.
Dann ging er zum Drive-In-Schalter und nahm die Bestellungen entgegen. Auch hier arbeitete er alle nur möglichen Zusatzverkäufe so engagiert ab, wie er es nie zuvor in seinem Leben getan hatte. So kam Michael letzten Endes insgesamt auf zusätzlich neun große Softdrinks, einen Litschi-Saft, fünf Mal Nachtisch und ein Kirschtasche-Kaffee-Menü.
Anschließend begann er mit der Zubereitung.
Neben Herrn Trans Kopf war noch ein klein wenig Platz in der Fritteuse. Diesen nutzte Michael geschickt, indem er immer jeweils drei Frühlingsrollen aufrecht nebeneinanderliegend frittierte. Eine patentverdächtige Lösung, wie er fand.
Zwischendurch machte er die Ente knusprig und das Schweinefleisch süß-sauer. So viel Schwung hatte Michael bei der Arbeit noch nie verspürt. Während er die Cola mit der rechten Hand zapfte, wickelte er mit der linken in Rekordgeschwindigkeit den Wrap. Während er den gebratenen Reis mit einer Hand im Wok umrührte, legte er mit der anderen schon wieder drei neue Rollen zurecht. Und dabei wandte er auch noch fortwährend den alten Kakerlaken-Trick an, um die Aufmerksamkeit vom verstor-

benen Mr. Asia abzulenken. Herr Tran wäre stolz auf ihn gewesen. Michael war wie David Copperfield.
Bei der letzten Fuhre schaffte er es sogar, zusätzlich zu den Frühlingsrollen noch die Kirschtasche an Herrn Trans Nase vorbeizumanövrieren. Dabei schien es ihm fast, als ob der Chinese im Öl ein wenig lächelte und den Kopf zur Seite rückte, um den Aufschwung nicht zu behindern.
So war Michael nach ungefähr sechzehn Minuten fertig.
Eine Bestzeit, die ihn sicherlich zum Mitarbeiter des Jahres gemacht hätte, wären außer ihm noch Mitarbeiter übrig gewesen.
Um ihn herum entspannten sich die Mienen. »Das ist wirklich lecker, Junge. Sehr knusprig. Und frisch frittiert. In anderen Läden liegt das Essen ja oft stundenlang rum.«
»Das macht bei uns nur der Chef«, antwortete Michael, ohne nachzudenken, wurde aber glücklicherweise falsch verstanden.
»Ja, das merkt man auch. Da war ein Profi am Werk. Eins-A-Frühlingsrollen sind das. Wir kommen jetzt öfter mal hier essen.«
»Wie, öfter?« Michael war entgeistert. »Hier ist doch alles zu.«
»Dann wart mal ab, Kollege. Kriegst du eigentlich noch irgendwas mit? Hier ist ab nächste Woche Land unter. Ab Montag ist hier »Destruction Jam«. Das größte Monstertruck-Festival Deutschland. Wahrscheinlich sogar Europas. Vierzigtausend Leute – geh besser schon mal Bier kaufen. Da könnt ihr euren Laden dran gesundstoßen ...«
»Ach.«
»So. Und jetzt wollen wir zahlen. Wir haben nämlich heute im Gegensatz zu dir noch vor zu arbeiten.«
»Äh. Klar. 78,40 macht das.«
»Hier hast du achtzig. Und sag deinem Chef, er soll schon mal 'n paar Frühlingsrollen auf Vorrat einwickeln.«
»Ich geb's weiter.«
Damit hatte Michael nicht gerechnet.

Er hatte zwar immer gewusst, dass die Systemgastronomie vom Tourismus profitiert. Aber dass das ausgerechnet hier im Gewerbegebiet mal zum Standortvorteil werden würde, war ja kaum zu erwarten gewesen. Hier roch es förmlich nach Wachstum, Optimismus und Belebung in der Binnenwirtschaft. Für Mr. Asias Wok Imbiss hatte der Konjunktureinbruch ein Ende! Sofort rief er beim Lieferanten an, um neues Öl und Frühlingsrollen zu bestellen. Dann schaltete er die Fritteuse aus und holte eine Sackkarre, um die Leiche erst mal irgendwie in den Kühlraum zu transportieren.

Herr Tran hätte das ganz genauso gemacht.

HERBSTGLÜCK

Im Herbst, da bin ich super drauf,
weil ich mir 'n Mercedes kauf,
und die Jungs vom Golfverein
lad ich zu 'ner Spritztour ein.

Juhu! Im Herbst tropft jede Nase,
es erkältet sich die Blase,
und die meisten Mittelohren
bleiben auch nicht ungeschoren.

Denn der Herbst macht, dass auch der
vor Husten röchelt, der nicht quarzt.
Drum lieb ich dich, oh Herbst, so sehr.
Dein Hals-Nasen-Ohren-Arzt.

Berufsziel Hals-Nasen-Ohren-Arzt:

Wollte ich schon als Kind werden

Autokauf im Tiefschnee – ein Verbraucherbericht

Wenn auf meinem Balkontisch ein fünfundzwanzig Zentimeter hoher Schneekuchen liegt, wenn überall in der Stadt die Busse quer stehen, Taxifahrer fluchen und Passanten auf dem Eis ausglitschen, wenn sich also der Klimawandel auch mal von seiner weißesten Westenseite zeigt, und wenn man, wie es die deutsche Weihnachtsmännervermittlung den studentischen Hilfskräften in ihre Textfibeln druckt, allüberall auf den Tannenspitzen goldene Lichtlein blitzen sieht, dann ziehe ich meinen Schal an, steige in meine warme Thermo-Unterhose, schließe die Haustüre hinter mir zu und tue das einzig Vernünftige, was man jetzt machen kann: Ich gehe mit meiner Freundin einen Gebrauchtwagen kaufen.

Denn wo kann man die anbrechende nordrhein-westfälische Eiszeit besser genießen als an der frischen Luft? Und Gebrauchtwagenkaufen findet ja immer an der frischen Luft statt. Der Unterschied zwischen Neu- und Gebrauchtwagen in Bezug auf Autohäuser ähnelt nämlich stark dem Unterschied zwischen Menschen und Hunden in Bezug auf Metzger: Gebrauchtwagen müssen draußen warten. Grund dafür ist eine jahrtausendelang überlieferte hierarchische Altersordnung in der Welt der Automobile. Im Grunde Jugendwahn pur: Die jungen Schlitten, noch strotzend vor PS und Zukunftsoptimismus, wärmen sich im muckeligen Autohauswohnzimmer am Kamin die Reifen, während den alten nichts anderes übrig bleibt, als sich an die Laterne zu stellen und dort auf Kunden zu warten.

Das hinterlässt natürlich seine Spuren bei den abgeschobenen

Seniorenmobilen: Unverdient im hohen Alter in die Prostitution gezwungen, wenden sie sich verhärmt vom Leben ab und beginnen zu rosten. Gebrauchtwagenkaufen ist also auch ein Akt der Barmherzigkeit: Man rettet einen depressiven Metallgreis aus den Fängen seines Zuhälters von der Straße weg und resozialisiert ihn in den normalen Innenstadtverkehr.
Streetwork im wahrsten Sinne des Wortes.
Denn (und ich weiß, dass das jetzt eine Binsenweisheit ist, aber ihre Niederschrift hat für mich etwas persönlich Befreiendes, und was schert es die Wahrheit, wenn sie wiederholt wird?): Alle Autohändler sind Verbrecher! Besonders schlimme Verbrecher sogar. Mit schiefen Visagen, geifernden Lefzen und bösen Bauwagencontainerbüros, die sie inmitten ihrer gepeinigten Altmetallherde aufbauen und mit selbst gemachten Fantasieurkunden schmücken, die ihnen andere Autohändler zusammenfabulieren in einer Schriftoptik, die die Hersteller des Computerprogramms »Word« ironischerweise »WordArt« nennen, also Kunst, die aber in Wahrheit den Begriff »antiästhetisch« anschaulich definiert und jeglichen Eindruck von Seriosität sofort vernichten würde, wäre dies nicht meist schon durch die Überschrift geschehen: »Der Gebrauchtwagenhändlerverband Recklinghausen verleit (ohne h) diese Uhrkunde (mit h) an Gebrauchtwagenhandel Wasweiß-ich für Servicequalität und First Class«, wobei man sich dann selbst überlegen kann, was wohl eine Urkunde für »First Class« bedeutet. Die wahrscheinlichste aller Vermutungen ist die, dass damit der Abschlussjahrgang gemeint ist, in dem der Gebrauchtwagenhändler von seiner Grundschule wegen Milchgeldbetrugs unehrenhaft entlassen wurde.
Dennoch muss man eins sagen: Es gibt einen Unterschied zwischen Autohändlern und anderen Verbrechern: Autohändler sind Kriminelle mit Arbeitsplatz. Sie haben eine legale Tätigkeit gefunden, bei der sie sich nicht verbiegen müssen und ihre ganzen Talente einbringen können.

Zur Veranschaulichung ein typisches Kundengespräch mit einem Autohändler in sieben kriminellen Stufen:

Stufe 1: Leugnung der Realität
»Ja, sagen Sie mal – das Auto ist ja im Innenraum komplett voll mit Müll.«
»Wo?«
»Wie, wo? Ja, da. Alles voller Snickers-Papier und so. Und ist das da im Fußraum ein Babyschnuller? Neben dem gebrauchten Taschentuch und der – du meine Güte – halbvollen (schluckt) Linsensuppendose?«
»Wo?«
»Ja, genau da. Vor Ihren Augen!«
»Ich sehe nichts.«

Stufe 2: Emotionaler Druck
»Sie können uns doch kein Auto verkaufen, in dem Müll und Babyschnuller rumliegen.«
»Der Schnulli ist von meinem Sohn. Haben Sie etwa was gegen kleine Kinder?«
»Ääähh. Nein. Aber was macht 'n das Ding da in dem Auto?«

Stufe 3: Unverschämte Lügen
»Dieser Wagen ist das beste Fahrzeug hier auf dem ganzen Platz. Darum fahre ich privat selbst ausschließlich mit diesem Auto. Mit meiner ganzen Familie. Daher der Schnulli. Alle Angestellten wissen: Mit diesem Prachtexemplar darf nur der Chef persönlich fahren. Das ist hier praktisch die Kutsche vom König.«
»Ist das da auch die Linsensuppe vom König?«
»Die ist von meinem Schwager. Haben Sie was gegen meinen Schwager?«
»Nein. Ich meine nur, dass der Wagen im Internet ganz anders ausgesehen hat.«

Stufe 4: Themenwechsel
»Ja, Internet hin und her. Diese ganze moderne Scheißtechnik, wir verstehen uns. Da kann man ja praktisch heute alles machen. Da werden die Bilder mit dem Photoshop-Programm bearbeitet und und und und und. Sie glauben ja gar nicht, was ich schon alles erlebt habe. Davon darf man sich nicht blenden lassen. Sehen Sie hier das Auto zum Beispiel – ein Prachtexemplar, aber wenn ich den Wagen ins Internet stelle, dann kauft mir den keiner ab.«
»Das Auto ist ja auch ... komplett Schrott.«
»Ja. Optisch. Das ist doch das ganze Dilemma heutzutage. Immer wird nur die Fassade gesehen. Keiner guckt auf die inneren Werte. Jeder kennt den Hosenanzug der Kanzlerin, aber wer weiß, wie es in ihr drinnen aussieht?«
»Das Auto ist von innen wie die Kanzlerin?«
»Ach was, der Wagen da ist ein Prachtschlitten. Und alles komplett – plus einen Satz Sommerfelgen – für nur siebentausendzweihundert Euro.«
»Siebentausendzweihundert Euro ?!?«

Und an dieser Stelle macht der Autohändler etwas, das wir mal »*Stufe 5*« nennen wollen: »*Nähe zum Kunden herstellen.*« Kurz gesagt:
Er schleimt sich ein.
»Ja. Einmalige Sonderkondition, weil Sie mir sympathisch sind. Sie sind so kritisch. Sie lassen sich nichts vormachen. Hinterfragen die Welt. Das mag ich.«
»Ach wirklich, ja, das liegt vielleicht an meinem Beruf. Ich bin nämlich Kabarettist.«
»Ah. Das hab ich mir gleich gedacht. Schon als Sie auf den Platz gekommen sind. Man sieht's Ihnen irgendwie an. Sie haben so was Gesellschaftskritisches im Gang. Sie sehen von Weitem auch so ein bisschen aus wie dieser eine berühmte da, äh, Moment, der aus dem Fernsehen, helfen Sie mir mal ...«

»Urban Priol?«
»Ja! Genau. Der Pirol, ähhh ..., der hat mir übrigens auch schon mal ein Auto abgekauft.«
»Echt?«
»Beim Leben meines Schwagers.«
»Das ist ja ein Zufall. Vielleicht kann ich ja doch mal eine Probefahrt mit dem Auto da machen?«

Stufe 6: Den Fisch am Würmchen zappeln lassen
»Nein. Das geht zurzeit leider momentan in diesem Augenblick sofort nicht. Der Wagen ist jetzt gerade noch in, ähm, im Urlaub. Macht eine kleine Erholungsphase durch. Ich könnte Ihnen das Fahrzeug aber reservieren. Ich habe zwar noch einen anderen Interessenten, ich sag's Ihnen ganz offen: Es ist ein berühmter Kabarettist aus dem Fernsehen, aber Sie sind mir, wie gesagt, sympathisch und in der ganzen gemeinsamen Zeit jetzt ja irgendwie auch ans Herz gewachsen, darum: Zweitausend Anzahlung, zweihundert Euro kleine Reservierungsgebühr ..., und wenn der Wagen aus dem Urlaub zurück ist, gehört das Prachtexemplar für weitere fünftausendzweihundert Euro einzig und allein Ihnen.
»Ich weiß nicht so richtig.«

Stufe 7: Den Sack zumachen
»Wissen Sie, der Wagen hat übrigens auch ein Extra-Zeitungsfach. Sie müssen ja in Ihrem Beruf immer ganz viele Zeitungen lesen. Das weiß ich vom Herrn Tirol. Und ich lege Ihnen auch noch eine Garantie auf die Kofferrauminnenwandverkleidung oben drauf. Sie sollen ja auch ein gutes Gefühl haben.«
»Na gut.« Und – zickzack – verkauft, die Karre.
Und dann, das ist klar, ist nach zwei Monaten alles kaputt außer der Kofferrauminnenwandverkleidung. Die würde dann nach sechs Monaten kaputtgehen, wenn die Garantie abläuft. Das

kriegt man aber nicht mehr mit, weil man zu diesem Zeitpunkt schon wieder mit dem Bus fährt.

Wenn ein Bus fährt, was nicht gesagt ist, da ja in der Zwischenzeit der Winter angebrochen ist, oder, wie das seit Neuestem richtig heißt: die Winterkatastrophe.
Und so geht man dann wieder auf die Suche nach einem Gebrauchtwagen. Aber im Winter ist Gebrauchtwagenkaufen noch viel schwieriger als im Sommer, denn im Winter sehen ja alle Autos anders aus als im Internet. Denn im Winter liegt Schnee. Da wird jeder Gebrauchtwagenplatz erst mal zu einem unterhaltsamen Suchspiel. Ein typisches Gespräch zwischen meiner Freundin und mir:
»Welchen sollen wir nehmen?«
»Den Weißen.«
»Du bist immer so unglaublich witzig. Komm, wir gehen einfach mal in den Container da und fragen nach.«
»Guck mal – die haben aber viele Urkunden. Vom Gebrauchtwagenhändlerverband Remscheid. Vom Gebrauchtwagenhändlerverband Duisburg-Hamborn. Vom Gebrauchtwagenhändlerverband Rhein-Sieg, vom Gebrauchtwagenhändlerverband ... Warte ... Das is jetzt ein bisschen schlecht zu lesen ... Das hat einer mit Bleistift geschrieben ... Guck mal, hier is sogar eine Urkunde für First Class.«
Und dann kommt er hinterm Schreibtisch hervor: der Gebrauchtwagenhändler. Rauchend ein asiatisches Fertiggericht mampfend. Und er macht nichts außer einem schmatzenden Geräusch.
»Entschuldigen Sie bitte, wir haben auf *www.autoscout24.de* einen grünen Opel Combo bei Ihnen gefunden. Könnten Sie uns den mal zeigen?«
Wortlos reicht er uns einen Besen, zeigt mit der Zigarette aus dem Fenster in eine ungefähre Richtung seiner Ländereien und

sagt: »Da links irgendwo.« Sonst sagt er nichts. Dann setzt er sich schweigend wieder hin und raucht, wissend, dass er den grünen Opel Combo bereits im Herbst an eine Familie verkauft hat, die mittlerweile wieder mit öffentlichen Verkehrsmitteln unterwegs ist und ihn an jeder Haltestelle verflucht. Seinen Container verlässt er nicht.
Er könnte aber auch gar nicht aus seinem Container raus, selbst wenn er wollte, denn: Autohändler können nur im Dunkeln raus. Im Licht zerfallen sie zu Staub. Im Dunkeln aber verwandeln sie sich in kleine Fledermäuse mit Reifen, die durch die Stadt fahren und Menschen beißen, die dann wiederum zu Autohändlern werden.
Die Adressen erhalten sie aus den Fahrzeugbriefen ihrer Kunden.

Das war uns auf lange Sicht zu gefährlich.
Deshalb haben wir es erstmals bei privaten Anbietern versucht.
Bei *www.mobile.de*.
Das geht ganz einfach, zunächst gibt man alle Suchkriterien ein, die einem wichtig sind: niedriger Kilometerstand, Autotyp: VW-Bus Multivan, Entfernung zum Wohnort unter 50 Kilometer, Anhängerkupplung, Preisvorstellung bis 3.200 Euro, Farbton mittelgelb und grüne Umweltplakette.
Und dann bekommt man:
einen pinken Fiat Doblo in Drewenack bei Hünxe, Kreis Wesel, kleiner Steinschlag mit mittelgelber Umweltplakette, 5.000 Euro.

Dieses Ergebnis macht einen erst mal genügsamer, und man verändert die Suchkriterien: höherer Kilometerstand. Preis bis 3.500 Euro. VW-Bus: egal, alle Modelle, Farbton gelb oder rot, Entfernung zum Wohnort bis 100 Kilometer, grüne Umweltplakette.

Und man bekommt:
einen pinken Fiat Doblo in Drewenack bei Hünxe, Kreis Wesel, kleiner Steinschlag, gelbe Umweltplakette, 5.000 Euro. (Und einen hellblauen VW Golf von 1998 mit einer Original-Urkunde des Gebrauchtwagenhändlerverbandes Meckenheim, Umweltplakette rot.)

Erneut verändert man die Suchkriterien. Und man bekommt: einen pinken Fiat Doblo in Drewenack bei Hünxe.

Und dann kommt man tatsächlich an den Punkt, wo aus Frustration Kreativität entsteht. Und Kriminalität.
Meine Freundin schaute vom Computer auf und sagte: »Was ist eigentlich, wenn wir einfach mal das Suchkriterium streichen, dass der Wagenbesitzer sein Auto überhaupt verkaufen will?«
Gesagt, getan.
Suchergebnis:
345 VW-Busse in Oberhausen, alle Farben, Baujahre und Plaketten;
ein gelber VW-Multivan nach dem anderen in Mülheim an der Ruhr, Nähe der Hauptpost;
Duisburg (Entfernung 15 Kilometer): 35 Busse, alle Plaketten, verschiedene Farben, sommerliche Optik mit dem Aufdruck »Nicos Eisflitzer«;
(und natürlich: ein pinker Fiat Doblo in Drewenack bei Hünxe, Kreis Wesel, kleiner Steinschlag, gelbe Umweltplakette, 5.000 Euro).

Wir haben uns dann letzten Endes für einen von den Duisburger Eisflitzern entschieden. Einfach den ADAC angerufen und erklärt, dass wir den Schlüssel stecken lassen haben. Die brechen einem das Auto dann ja auf.
Der Wagen fährt sich gut.

Wir haben die Sorten Vanille, Zitrone, Schokolade, Schlumpf und Eismohr.
Sprechen Sie uns einfach an. Wenn das Fenster an der Seite offen ist, sind wir da.
Wir fahren übrigens auch im Winter.

„Welchen nehmen wir?"
„Den Weißen..."

Umziehen

Es schellt, und vor der Tür, da steht ein Monster und will rein.
Ich denke: »Was für ein Glück, das wird der Möbelpacker sein.«
Durch den Spion sieht man schon seine baggergroßen Klauen,
mit den bloßen Händen kann er Braunkohle abbauen.

Er ist selbst wie ein Möbel und kann Eisen verbiegen -
Du musst werden wie der Feind, um den Feind zu besiegen,
darum ist er halb Mensch und zur anderen Hälfte Schrank,
stärker noch als Obelix voll Zaubertrank.

Er frisst rohe Elche und säuft Möbelpolitur.
Drück ihm nie die Hand, sonst gibt's 'ne Mittelhandfraktur.
Glücklich öffne ich die Tür und begrüße den Koloss,
und er sagt: »Ich schlepp hier gar nix. Wozu bin ich der Boss?«

Für die Arbeit hat er so fünf Zwerge mit dabei.
Die kriegen zwölf Euro die Stunde und ham zum Rauchen immer frei.
Drei Zwerge braucht man für ein Billy-Regal,
die anderen beiden stehen daneben, und sie qualmen 'ne Reval.

Der Orang-Utan liegt derweil auf meiner Couch und delegiert.
Am Zustand unserer Möbel ist er nicht so interessiert.
Dann und wann gibt er 'nem Zwerg eine Säge in die Hand
und zeigt auf einen unserer Schränke an der Wand.

Einmal zeigt er auch aufs Fenster und dann wortlos aufs Klavier.
Meine Wohnung liegt im Dachgeschoss, ich zeige auf die Tür.
Doch Widerstand ist zwecklos: Das Fenster wird probiert.
Ein lauter Krach, und danach sind die Zwerge noch zu viert.

»Dreimal umgezogen ist wie einmal ausgebombt«,
sagt die Nachbarin, die uns im Flur entgegenkommt.
Dann zerschellt auf dem Bürgersteig vor'm Haus der Herd,
und ich sag: »Manchmal ist es auch umgekehrt.«

Inzwischen sind unsere Freunde in der Wohnung angekommen
und haben ihrerseits den Umzug in die Hand genommen.
Sie sind zu zehnt und tragen jeder einen Umzugskarton raus
und zum Ausgleich jeweils eine Kiste Bier ins Haus.

Derweil finde ich im Laster zwei Vitrinen voller Tassen,
die ich nicht kenn – hat wohl die Nachbarin die Wohnung
                                                                      aufgelassen.
Zwerge und Freunde trinken ja ziemlich viel Bier
und verwechseln dann im Flur schnell schon mal die Tür.

Ich versuche, die Vitrinen aus dem Laster rauszukippen,
da prügelt irgendwer mir seitlich mit 'nem Knüppel in die Rippen.
Ich dreh mich um und stelle fest mit etwas Unbehagen:
Irgendwer trägt mir hier auch Rentner in den Wagen.

Sie sind zu dritt und aus dem Wartezimmer eines Therapeuten
für Aggressionsprobleme bei besonders fiesen alten Leuten.
Und die drei sind auch ganz sicherlich noch nicht geheilt
                                                                      entlassen,
sie schreien »Blitzkrieg!« und verprügeln erst mal mich und dann
                                                                      die Tassen.

»Dreimal umgezogen ist wie einmal ausgebombt!«,
sagt ein Freund zu mir, der lachend aus dem Haus rauskommt,
während die Gang im Laster gerade meinen Fernseher zerstört,
und ich sag: »Manchmal ist es auch umgekehrt.«

Weil's zu gefährlich ist, die Rentner aus dem Laster zu bugsieren,
stell ich Matratzen vor sie hin, um die Gefahr zu minimieren.
Das Möbelpackermonster hat den Lasterführerschein,
und die Zwerge sperren wir in einen Schuhschrank ein.

Die Freunde können nicht mehr fahren wegen Alkoholgenuss,
sie stellen zum Ausgleich die Kartons in einen Linienbus,
außerdem vier Kisten Bier und die Nachbarin,
die ständig jammert: »Wo ist bloß meine Vitrine hin?«

Ich selbst fahre beim Monster vorn im Laster mit.
Der Laster und sein Fahrer sind heut beide voller Sprit.
Wir rammen fünfzehn kleine Autos und zwei Schilder, auf
                                                        denen steht:
»Runter vom Gas!« und »Ich bin doch nicht blöd«.

Die neuen Nachbarn sind zunächst ein kleines bisschen irritiert:
Erst rammt ein Laster ihr Haus, dann wird der Fahrer abgeführt.
Die Polizei schreit mich an, ich soll den Laderaum aufmachen.
Ich warne eindringlich davor, doch die Beamten müssen lachen.

»Wat soll denn da schon Dolles in deinem Laster drinne sein?«,
sagt der Schutzmann, nimmt den Schlüssel, und er klettert
                                                        hinten rein.
Dann hört man ihn im Wagen die Matratzen wegnehmen
und dann das Kampfgeschrei von Rentnern mit cholerischen
                                                        Problemen.

Epilog: Das Mobiliar ist zerstört, die Polizisten sind verletzt,
der Möbelpacker ist verhaftet, die neuen Nachbarn sind entsetzt,
meine Freunde schließen bierselig die Zwerge in die Arme,
und ich komm vor Gericht wegen Rentnergeiselnahme.

Unsere Umzugskartons fahren im Bus quer durch die Stadt.
Mein Klavier ist defekt, und der fünfte Zwerg platt,
die Nachbarin besitzt nur noch Scherben aus Meißen,
und die Rentner versuchen grad, den Laster umzuschmeißen.

Meine Stimmung ist im Keller, ich gucke traurig aufs Haus
und stelle fest, das Haus sieht heute etwas anders aus.
Ich überprüfe die Adresse, und es dämmert mir:
wir ziehen ja in die Hundertsechs, und das hier ist die
                                                                                        Hundertvier.

»Dreimal umgezogen ist wie einmal ausgebombt«,
sagt der Wachtmeister, der grad vom Sanitäter kommt,
und während er mich hinten in den Streifenwagen sperrt,
denk ich: »Manchmal ist es auch umgekehrt.«

Der Panther
(Method Acting)

In einem Stadttheater, das dem der Stadt Euskirchen sehr, sehr ähnlich sah, aber eben nur sehr, sehr ähnlich, es handelte sich nicht um das Stadttheater der Stadt Euskirchen, das sei hier versichert, da war jedenfalls ein Hausmeister angestellt, der – und das muss man jetzt nun wirklich als einen ganz besonderen Zufall hervorheben – ausgerechnet dem Hausmeister des Stadttheaters der Stadt Euskirchen sehr, sehr ähnlich sah, aber eben nur, wie gesagt, sehr, sehr ähnlich, es handelte sich nicht um den Hausmeister des Stadttheaters der Stadt Euskirchen, sondern um einen ganz anderen Hausmeister, der im Grunde auch überhaupt nichts Besonderes an sich hatte, außer dass er über Nacht in der ganzen Welt berühmt wurde. Und zwar einschließlich aller baltischen Republiken und der Schweiz. Und von eben jener Nacht soll nun die folgende Geschichte handeln.

Norbert Tammoschath hatte sich schon als Kind gerne verkleidet. Das war für ihn gar nichts Ungewöhnliches. Andere Kinder spielten mit Autos. Norbert war das Auto.
Als Neunjähriger verkleidete er sich beispielsweise als VW-Bus und fuhr den ganzen Tag lang brummend hinter seiner Oma her. Bis sein Vater herausfand, wer den Auspuff des Volvos abgebaut hatte, und der VW-Bus dafür eine Woche lang Stubenarrest bekam, was Norbert aber nicht so besonders schlimm fand, hatte er doch auf diese Weise endlich mal die Möglichkeit, sich selbst in Ruhe für die nächsten zwei Jahre über den TÜV zu bringen.
Im Alter von elf Jahren war Norbert wochenlang ein Zebra.

Das fiel aber nicht weiter auf, da ihn seine Eltern dazu überreden konnten, die Anziehsachen über den Streifen zu tragen. Außerdem war er ja im Unterricht ohnehin kein allzu auffälliges Kind, und es machte ihm Spaß, in der Pause mit den anderen zusammen zum Klettergerüst zu gehen und daneben zu grasen. Zebras sind ja sehr gesellige Tiere, und so hatte auch Norbert viele Freunde.

Norbert Tammoschath konnte praktisch alles sein, was er wollte, wenn er nur die entsprechende Verkleidung dazu hatte. Das mussten gar keine aufwendigen Kostüme sein: Eine einfache Tabakpfeife machte ihn zum glaubwürdigsten Sherlock Holmes, den man je gesehen hatte. Und ein simpler Blaumann machte ihn seit 1991 zum Hausmeister gerade eben jenes Stadttheaters, das dem der Stadt Euskirchen so furchtbar ähnlich sah. Das heißt also, eigentlich war er gar kein Hausmeister. Er hatte niemals irgendeine handwerkliche Ausbildung abgeschlossen. Aber er spielte den Hausmeister so überzeugend, dass man ihn sofort eingestellt hatte, als die Theaterverwaltung ihn beim Einstellungsgespräch mit dem Blaumann sah.

Er musste nicht mal ein Zeugnis nachreichen.

So ähnlich war es nun auch in jener Nacht, die Norbert Tammoschath berühmt machen sollte. Er hatte gerade noch den Orchestergraben gesaugt und wollte alles abschließen und Feierabend machen, als ihm ein Gedanke kam, der ihn an seine Kindheit erinnerte. Möglicherweise war es die Maserung des Bühnenholzes gewesen, die ihm seine Zeit als Zebra ins Gedächtnis brachte, oder was auch immer. Jedenfalls hatte Norbert auf einmal eine unbändige Lust, sich zu verkleiden.

Er ging in den Fundus und sah sich um.

Dort gab es alles, was ein kostümbegeisterter Hausmeister benötigte: griechische Gewänder für die anstehende Antigone-Inszenierung, Krankenhauskittel für »Die Physiker«, englische

Adelskleidung für »My Fair lady« und praktisch jede Tierverkleidung, die man sich nur vorstellen konnte, weil die Kindertheatergruppe mit dem bezeichnenden Namen »Aloha, Arche Noah!« jeden Sommer ein Stück mit Tieren spielte.
In einem Berg von Tierkostümen fand Norbert auch den Pantherkopf. Von innen mit Schaumstoff ausgekleidet und von außen in Anthrazit dem Baghira der Walt-Disney-Verfilmung des Dschungelbuches nachempfunden, lag er oben auf einer zusammengerollten Riesenpython aus Gummi.
Norbert setzte ihn sich auf und war ein Panther.
Mehr brauchte er dazu nicht. Und es wirkte nicht so, als ob er einen Panther spielte. Nein. Norbert war jetzt der Panther Baghira. So wie er zuvor ein Hausmeister gewesen war. Mit dem einzigen Unterschied, dass seine körperliche Optik weit besser zu einem Hausmeister gepasst hatte als zum Panther. Norbert war ja etwa einhundertfünfzig Kilo schwer bei einer Körpergröße von einem Meter zweiundneunzig. Und so schleifte sein Bauch ein kleines bisschen über den Boden, während er im großen Saal des Theaters auf allen vieren durch die Reihen schlich.
Dennoch war nichts an ihm anders als bei den Panthern, die man in freier Wildbahn vorfindet. Niemand auf der Welt hätte die Anmut seiner Raubtierbewegungen in Zweifel gezogen. Er war hundertmal katzenhafter, als es Halle Berry in *Catwoman* je zu sein geschafft hatte. Er machte sogar die Stunts und Spezialeffekte besser. Mit gewaltigen Sätzen durchquerte er die Garderoben, strich lauernd mit seinen Panthertatzen durch die Sitzreihen und über die Bühne und wärmte sich danach schnurrend an den Heizungsrohren den Rücken. Nichts unterschied in mehr von einer realen Raubkatze.
Dann ging er raus und riss auf dem Parkplatz einen Hasen, nahm diesen mit ins Theater und fraß ihn schmatzend auf der Bühne des kleinen Saals in der Kulisse der Rotkäppchen-Weihnachtsaufführung.

Und dabei wurde er gefilmt.
Mit einem iPhone.
Von einem iNbrecher.
Dieser Kriminelle, ein Mann mittleren Alters namens Hans-Gert Schratzke, hatte sich eigentlich darauf eingestellt, nur noch eben auf dem Heimweg zwei, drei Büro-PCs zu klauen und mit ein bisschen Glück eine Portokasse und 'nen Kopierer.
Den Plan hatte er aber sofort wieder vergessen, als er die Raubkatze erblickte.
So einen riesigen Panther hatte er noch nie gesehen. Er fühlte sich wie ein Naturkundeforscher, der den Regenwald beobachtet, so nah dran an der Wildnis, wie er es sich damals als Kind immer nur gewünscht hatte. Der Einbruch wurde für ihn völlig bedeutungslos. Wie Heinz Sielmann filmte Schratzke das wilde Tier aus allen Perspektiven. Ein Meisterwerk der Naturdokumentation.
Lediglich das Ende des Films hatte er sicher anders geplant. Denn das YouTube-Video, das ja auch Sie, lieber Leser, wahrscheinlich mittlerweile schon gesehen haben, es ging ja wirklich um die ganze Welt einschließlich aller baltischen Republiken und der Schweiz, endet ja nicht nur mit einem schmerzerfüllten Schrei, sondern vor allen Dingen auch damit, dass Hans-Gert Schratzke ein Ohr an den Panther verliert und dann mit dem anderen in Panik selbst die Polizei anruft, eine für einen Einbrecher mehr als entwürdigende Geste.
Trotzdem sollte er sich später gerne an diese Nacht erinnern, bedeutete sie doch auch für ihn den Schritt in eine wohlhabende Zukunft. Sein Video wurde, das ist ja mittlerweile Geschichte, so oft im Internet aufgerufen, dass alle Welt fast verrückt wurde vor Begeisterung für den Panther mit dem Blaumann.

Mit der Verlegung Norbert Tammoschaths in den örtlichen Zoo begannen für alle Beteiligten goldene Zeiten. Die Besucherzahlen stiegen um das Achtzigfache. Jeder US-Tourist wollte sein eigenes Foto vom »Fat Blue Blackie«, wie sie ihn nannten. Und niemals sollte jemand darauf kommen, dass die berühmteste Raubkatze der Welt in Wahrheit der ehemalige Hausmeister Norbert Tammoschath war. Und erzählen wollte er es auch keinem. Wieso auch? Er fühlte sich ja ausgesprochen wohl im Zoo. Alles wurde ihm gebracht, und rohes Fleisch hatte er immer gerne gemocht.

Insofern beließ er es dabei.

Einzig Brigitta Müller-Steven, die Leiterin der Kindertheatergruppe »Aloha, Arche Noah!« hatte jedes Mal, wenn sie beim jährlichen Tierparkausflug vor dem Raubtiergehege stand, das Gefühl, dass sie der berühmte Blaumannpanther an irgendetwas erinnere, dass sie im Fundus mal suchen müsste, aber was das war, das blieb nicht nur für sie für immer ein Rätsel.

Norbert Tammoschath
(die Illusion ist fast perfekt)

Der wichtigste Mann

1.)
Ich kam mal zu 'ner Baustelle
für 'n Einfamilienhaus
und, Lehrling wie Geselle,
alles sah nach Arbeit aus.

Jeder packte voll mit an.
Jeder nahm was in die Hand.
Bloß in der Mitte stand ein Mann,
der da einfach nur so stand.

Und weil ich neugierig bin,
ging ich mal zu ihm hin,
und ich fragte ihn, was er da macht,

denn ich wär interessiert,
wie so 'n Bau funktioniert.
»Na, dann passense ma auf«, hat der gesacht.

»Der da mauert.
Der verputzt.
Der da vorne liest den Plan.
Der da hinten rührt den Speiß an,
der daneben führt den Kran.
Und der muskulöse Kleine
holt beim Lager neue Steine.

Aber trotzdem bin alleine
ich
hier der wich-
tigste Mann,
obwohl ich gar nichts mach,
obwohl ich gar nichts kann.

Denn wenn der da mal schief mauert
oder der da schlecht verputzt
und es ewig lange dauert,
weil der Plan zu gar nix nutzt,
und der Kran kracht in den Rohbau,
na, wen ruft der Chef wohl dann?
Wenn die Kunden schrei'n und zetern
holt er seinen besten Mann:
                        nämlich mich!

Und dann scheißt er mich zusammen,
und die Bauherrn steh'n dabei,
und dann schmeißt er mich auch raus,
und dann hab ich wieder frei
bis zum übernächsten Ersten,
dann stellt er mich wieder ein,
um dann bei der nächsten Baustelle
der Schuldige zu sein.«

2.)
Ein Mann sollt' vor den Wahlen
einmal beim Verfassungsschutz
zur Vermeidung von Skandalen
gucken, wer wo zu was nutzt.

Und er sah sich jeden Mitarbeiter
ganz in Ruhe an,
und hoch auf der Karriereleiter
fand er wiederum 'nen Mann

mit nem riesigen Lohn,
völlig ohne Funktion,
und er ahnte fast schon, was der sacht,

wenn er den fragt: »Wofür
sind denn alle so hier?«,
und was er im Speziellen so macht:

»Der da lauert.
Der beschattet.
Der da vorne spioniert.
Der da hinten ist ein V-Mann.
Der daneben observiert.
Und der unscheinbare Kleine
holt beim Staat dafür die Scheine.

Aber trotzdem bin alleine
ich
hier der wich-
tigste Mann,
obwohl ich gar nichts mach,
obwohl ich gar nichts kann.

Denn wenn der da mal falsch lauert
oder der beschattet wen,
der eigentlich ein V-Mann ist,
und hat ihn trotzdem nie gesehen.
Und das kommt dann in die Zeitung,

na, wen ruft der Chef wohl dann?
Wenn die Presse schreit und zetert,
holt er seinen besten Mann:
                    nämlich mich!

Und dann macht er mich zum Schuldigen
für all die Murkserei,
und dann schmeißt er mich halt raus,
und dann hab ich wieder frei
bis zum übernächsten Jahr,
dann lässt er mich rekrutier'n,
um beim nächsten Skandal
als Berater zu fungieren.

3.)
In Berlin ging ein Minister
samt 'ner Frau ins Kabarett
und im »Backstage« gab's Geflüster,
wie man das zu »handlen« hätt.

Denn gut drei Viertel aller Nummern
waren kurz umrissen etwa so:
Der Minister stellt sich dumm an,
und seine Partei ist was für's Klo.
         (also mehr so 'n subtiles Programm ...)

Doch dann entschied man im Team:
»Heute zeigen wir es ihm!
Und wir führen alles gnadenlos auf!«

Na, und dann sah man irritiert,
wie er begeistert applaudiert,
und auch die Frau war ganz tierisch gut drauf,

Und nach der Show an der Bar
sagten beide noch ma:
»Der Abend war unheimlich schön!«

Und total angepisst
war bloß der Kabarettist,
denn der Minister gab ihm zu verstehen:

»Guck, du nörgelst
und verspottest,
und du fluchst auf die Partei.
Du singst Liedchen und machst Witzchen,
aber ich hab heute frei.
Ich hab die Kohle und die Kleine ...
na, du weißt schon, was ich meine ...

Denn trotz allem bin alleine
ich
hier der wich-
tigste Mann,
obwohl ich nie was mach,
obwohl ich gar nichts kann.

Denn so 'n Clownsgesicht wie dich
gibt's doch hunderttausendmal
und – jetzt glaub's mir oder nicht,
dem Volk isses egal,

wer die Witze abends aufsagt.
Das interessiert die Leute nicht.
Aber einer darf nie fehlen
und der eine, der bin ...
      nämlich ich!!!

Und jetzt reg dich ruhig auf, Mann,
is ja schließlich dein Beruf,
aber denk auch mal wie 'n Kaufmann,
wer die Nachfrage heut schuf ...

Komm, du musst mir gar nicht danken,
es macht Spaß, hier ganz allein
zum Erhalt des deutschen Kabaretts
der Schuldige zu sein.«

DeR BaUchReDNeR

Rüdiger war Bauchredner – nicht im üblichen Sinne mit einer Vogelpuppe oder 'nem Schaf namens Schlurchi im Arm. Vielmehr konnte Rüdiger mit seinem Bauch reden. Der Bauch hatte sich ihm irgendwann vorgestellt.

»Herr Schlöppke«, hatte der Bauch gesagt.
»Angenehm«, hatte Rüdiger gesagt.
Dann hatten sie sich die Hand gegeben.
Nee, Quatsch. Das ging ja gar nicht. Stattdessen hatten sie sich freundlich zugenickt und waren dann gemeinsam ins Kino gegangen. Zu dieser Zeit hatte man sich noch gut verstanden.

Herr Schlöppke war auch ein überaus angenehmer Zeitgenosse. Sehr belesen und mit gutem Gedächtnis. Und mit einer unglaublich schnellen Auffassungsgabe.
Rüdiger hatte die Frankfurter Allgemeine abonniert, aber Herr Schlöppke las sie. Während sich Rüdiger die Bilder anguckte. So ging das.
Die beiden sprachen sich ab. Gab es eine Entscheidung zu treffen, fragte Rüdiger seinen Bauch.
»Wähl die SPD«, sagte Herr Schlöppke dann.
Oder »Kauf die Hose eine Nummer größer.«
Der Bauch war seriös und gebildet. Rüdiger hörte auf ihn.
Bis zu dem Tag, an dem er morgens wach wurde, und Herr Schlöppke es irgendwie hingekriegt hatte, sich zu schminken. Da hatten wohl auch die Hände ihre Finger im Spiel gehabt.

»Ich will sein wie Shakira!«, sagte der Bauch.
Er sah auch ein bisschen so aus.
»Aber bei Shakira ist das alles getrennt«, widersprach Rüdiger.
»Die schminkt sich im Gesicht und tanzt mit dem Bauch.«
»Waka, waka«, sagte Herr Schlöppke. Und: »Sie könnten auch mal mit mir tanzen gehen. Discofox.«
»Nein! So habe ich das nicht gemeint«, sagte Rüdiger. »Ich meine, bei Shakira plant der Kopf die Tanzschritte, und der Bauch führt sie aus.«
»Ich habe meinen eigenen Kopf«, sagte der Bauch.
»Ja. Das habe ich auch schon gesehen. Haben Sie da Wimpern über meine Brustwarzen gepinselt?«
»Ich will eine Diva sein«, sagte Herr Schlöppke.
Rüdiger sprach ein Machtwort: »Jetzt hören Sie mal zu, mein lieber Schlöppke. Ich gehe jetzt duschen. Und dann wisch ich das da ab. Sieht sowieso eher aus wie Lady Gaga.«
»Die wäre ich auch gern. Nur dicker. Und ich wäre gerne Montserrat Caballé.«
»Ab unter die Dusche.«
»Nein!«, schrie der Bauch, aber Rüdiger blieb hart.
Ab diesem Tag war nichts mehr so wie früher.
Und es wurde ständig problematischer. Wenn man sich mit seinen Nachbarn streitet, dann kann man ja zumindest eine Mauer bauen oder wegziehen. Aber dem eigenen Bauch aus dem Weg zu gehen, das ist ein Ding der Unmöglichkeit, vor allem dann, wenn der Bauch ständig mit einer imitierten kolumbianischen Frauenstimme und, wie Rüdiger zudem fand, tonal ausgesprochen schlecht (!) auf Englisch singt: »Underneath your clothes, there's an endless story ...«
»Ihr MP3-Player leiert«, sagte die Kassiererin.
»Nein, das ist mein Bauch«, sagte Rüdiger.
»Du hässliche Tussi solltest dir lieber mal die Ohren spülen gehen«, sagte Herr Schlöppke.

zum Verwechseln ähnlich:

Shakira

Herr Schlöppke

»Hausverbot«, sagte der Filialleiter.
So ging das oft.
Zweimal in einem Monat wurde Rüdiger von Polizisten wegen Beamtenbeleidigung zu hohen Geldstrafen verurteilt und mehrfach verprügelt, weil sein Bauch jeden anpöbelte, der in Hörweite zu finden war.
Hier mussten die Maßnahmen radikaler werden, da war sich Rüdiger sicher: Er trat in den Hungerstreik. In sechs Wochen nahm er knapp fünfundzwanzig Kilo ab. Er aß praktisch überhaupt nichts mehr außer Obst, Gemüse und Brühwürfelsuppe.
Das wirkte.
»Mein Teint geht kaputt«, jammerte Herr Schlöppke. »Ich seh ja aus wie 'ne Faltenmaus. Außerdem kann ich nicht mal mehr richtig singen. Mir fehlt der Resonanzraum. Essen Sie ma 'ne Mettwurst. Oder 'n paar Nudeln. Denken Sie doch auch ma an andere.«
Aber Rüdiger blieb hart.
Zusätzlich trieb er Sport und ging stundenlang schwimmen, was ihm besonders gut gefiel, weil Herr Schlöppke beim Kraulen deutlich schlechter zu verstehen war.

Rüdiger sah sich eindeutig auf der Gewinnerseite.
Doch dann kamen die Bauchschmerzen. Furchtbare, stechende Bauchschmerzen, die kaum zu ertragen waren. Rüdiger konnte kaum noch aufstehen. Aber auch Herrn Schlöppke ging es schlecht.
»Ich kann mich nicht mehr schminken«, klagte er jammernd.
»Wir müssen was tun. Gehen Sie mal zum Arzt.«

Der Hausarzt stellte aber nichts Besonderes fest, außer dass da Schminkereste auf dem Bauch zu finden waren, was er aber nicht weiter thematisieren wollte.
»Es könnte was Psychosomatisches sein«, suchte er nach einer Erklärung.
»Gerade Bauchschmerzen deuten oft auf innere Konflikte hin.«
»Das hätte ich Ihnen auch sagen können«, sagte Herr Schlöppke auf der Straße.
»Was is 'n das für 'n Quacksalber? Innerer Konflikt oder was? Wer hat denn hier die Schmerzen? Wer ist denn hier der Bauch?«
»Na, ich«, sagte Rüdiger.
»Wie, Sie?«
»Na, ich hab hier die Schmerzen.«
»Na, und ich?«
»Wer ich?«
»Na, wer ist denn hier der Bauch?«
»Ja, Sie.«
»Mein ich doch.«
»Ja, und jetzt?«
Irgendwie kamen sie so nicht weiter.
Rüdiger versuchte es mit einem Kompromiss:
»Und wenn ich Sie einfach einmal die Woche zum Gesangsunterricht schicke?«
»Das wäre ein Anfang«, sagte der Bauch. »Und ich will einen neuen Lippenstift.«

»Aber einen dezenten«, sagte Rüdiger. Mit schlimmen Bauchschmerzen neigt der Mensch dazu, sich überrumpeln zu lassen. Dann gingen beide in einen Rossmann, kauften einen hellrosa Lipgloss und fuhren mit dem Bus nach Hause, wobei Herr Schlöppke den Song »Hips don't lie« von Shakira in einer sehr eigenen Version atonal vor sich hin trällerte und Rüdiger so tat, als würde sein MP3-Player leiern.

EIN FEIND, DER ZU MIR PASST

1.)
Schon als ich dich im Regen
an der Haltestelle warten sah,
du standest da und gröltest in der Nässe
deine Lieder, meist zwei Zeilen lang,
Kategorie »Fangesang«.
Da dacht ich mir: »Dem hau ich in die Fresse.«

Und das hast du wohl auch gedacht,
denn du hast's dann zuerst gemacht.
Dein Schlag traf mich so herrlich martialisch,
du tratst mir in den Magen rein,
dafür brach ich dein Nasenbein
Die Stimmung war direkt sehr, äh ... physikalisch.

Mmmhh ... und ich hätt schon fast
die Hoffnung aufgegeben
'ne Frau für's Leben hab ich
und 'nen Job, der mir gefällt
aber 'nen Feind, der zu mir passt,
den suchte ich vergebens in der Welt.

2.)
Du bist (wie ich) zwei Meter groß,
sportlich-fit und gnadenlos
und fährst sogar den gleichen Dacia Duster.
Wie mir liegt dir am Bier sehr viel,
und samstags nach dem Fußballspiel,
da reißen wir die Steine aus dem Pflaster

und werfen sie uns grimmig zu:
Manchmal treff ich und manchmal du.
Da landet mancher Zahn im Straßengraben.
Und auch wenn ein Bruch mal schwer verheilt:
Es ist schön, wenn man ein Hobby teilt.
Wir wissen beide, was wir an uns haben.

3.)
Und wenn ich eins noch sagen darf:
Zum Glück hatt ich, als ich dich traf,
das Trikot an, und du trugst deine Mütze.
Sonst hätten wir uns nicht erkannt.
Ich wär an dir vorbeigerannt
und läg jetzt ganz allein hier in der Pfütze.

Drum will ich mal ganz ehrlich sein:
Ich danke deinem Scheißverein
dafür, dass wir uns beide so sehr hassen,
denn als wir aufeinander prallten:
Ich hätt dich fast für 'n Freund gehalten
und unversehrt im Regen stehen lassen.

Der Nazi und ich

»Na, prima – jetzt hat der Nazi dich vollends in sein Herz geschlossen«, denke ich mir und antworte ihm Folgendes: »Nein. Das liegt 'n bisschen weiter auseinander. Berlin ist nicht genau in der Nähe von Duisburg.«
Aber ich glaube, er versteht mich nicht ganz. Er ist der fest in braunes Fimo eingebrannten Überzeugung, dass das Ruhrgebiet und die von ihm beharrlich als Reichshauptstadt bezeichnete Bundeshauptstadt Berlin zueinander in einem ähnlichen räumlichen Verhältnis liegen wie die Herner Stadtteile Eickel und Wanne.
Hätte ich doch die Frau mit dem Hund angesprochen, denke ich. Selber schuld.
Ich bin aber auch immer zu blöd. Gut. Klar, der Typ sah auch nicht gravierend anders aus als die sonstigen Einheimischen hier. Vielleicht ein kleines bisschen behämmerter, aber auch nicht so extrem, dass man ihn nicht nach dem Weg zum Bahnhof hätte fragen können. Sicher, die Deutschlandfahne auf der Schneetarnjacke, da hätte man vielleicht drauf kommen können, aber mal ganz ehrlich: Wer weiß denn, ob nicht momentan gerade wieder irgendwo irgendeine Volleyballnachwuchsweltmeisterschaft ist und beim Getränkemarkt die Deutschlandfähnchen an die Krombacher-Kisten gebunden werden? Seit die Werbeindustrie bei der WM 2006 das Nationalgefühl für die Vermarktung von fast allem zwischen Spüli, Katzennahrung und Darmgesundheitsjoghurt entdeckt hat, hat ja fast jeder Zweite eine große Kiste im Keller stehen, auf der »Deutschland« oder »WM« steht und die voll ist mit Equipment zur eigenen Verwandlung in ein schwarz-rot-gol-

denes Fabelwesen aus dem Sommermärchenwald. Und das ist im Grunde auch okay. Wirklich. Ich habe volles Verständnis dafür, dass sich die Leute bei Sportereignissen gerne als Deutschland verkleiden. Es wäre ja auch sinnlos, bei der WM als Cowboy zu gehen. Oder als Cinderella. Obwohl – das müsste man eigentlich mal machen. Einfach mal deutschen Humor beweisen und beim nächsten Spiel gegen Holland geschlossen kostümiert als Bibi Blocksberg ins Stadion. Hex Hex. – Mir würd's gefallen.
Da würde sich manche Antje wundern.

Außerdem hat der Nazi Haare.
Was soll denn so was? Kann man sich denn auf überhaupt nichts mehr verlassen? Mannmannmann. Das war doch nun wirklich mal früher jahrelang eine einfache und nachvollziehbare Entscheidungsverpflichtung für politisch problematische Jugendliche gewesen. Irgendwann mussten die halt immer wählen: So, wir sind ab jetzt Nazis und verzichten dafür im Gegenzug auf Frisuren. Zur Strafe. Das hatte was von ausgleichender Gerechtigkeit, fand ich.
Und heute? Heute trägt der Berliner Bio-Friseur eine Glatze, weil das so exotisch-männlich aussieht, und im oberbayerischen Hinterland machen sich die Nazis jetzt offenbar Dauerwellen. Das muss ja zu Verwechslungen führen. Zugegebenermaßen ist das auch 'ne gerissene Tarnung. Hätte man ja eigentlich drauf kommen können. Aber man hatte sich eben schon so auf »keine Frisur« als Erkennungsmerkmal eingeschossen. Und jetzt hat der Verfassungsschutz Probleme, die ganzen neu-ondulierten Rechtsextremisten im Lockendschungel wieder aufzufinden, und erwischt dabei dann oft nur seine eigenen V-Leute, weil die noch die alte Frisur haben. Oder halt Berliner Bio-Friseure mit Perücken-Abstinenz.
Dieser Nazi hier jedenfalls trägt tatsächlich eine Dauerwelle und ist die Herzlichkeit in Person. Unglaublich gut gelaunt wirkt er

auf mich wie eine Mischung aus einem happiness-geschädigten Viva-Moderator und einer Art rechtsextremer Ausgabe von Hansi Hinterseer. Er ist leut- und redselig und benutzt Begriffe wie »knorki-torki«.
Ich bin seit Kurzem sein bester Freund. Und ich kann überhaupt nichts dafür. Ich habe nichts gemacht, außer ihn etwas unbedacht nach dem Weg zum Bahnhof zu fragen. Den zeigt er mir jetzt – höchstpersönlich.
Währenddessen klärt er mich über meine Aufgaben als Ruhrgebietsbewohner in Bezug auf Franzosen und Niederländer auf.
»Ihr im Ruhrpott müsst den Franzmann und die Käsefresser eindämmen«, sagt er. »Wenn die kommen, dann seid ihr der Reichswall.«
Aha.
Ich denke ans Oberhausener Centro und die dazugehörige Coca-Cola-Oase. Dort verfolgt man eine ganz andere Strategie. Ich habe ja mal im Centro anderthalb Jahre beim Fischimbiss Nordsee gearbeitet. Da habe ich die Holländer weniger eingedämmt als, ich sag mal, gefüttert. Ich frage nach, ob das auch zählt. »Alles knorki-torki«, sagt der Nazi und lacht. »Voll der Plan. Ihr zieht dem Feind an der Westfront die Euros aus der Tasche, und wir kaufen dann dafür Panzer. Lol.«
Eine gewagte Theorie.
Der Nazi nimmt mir meine Keyboardtasche ab. »Komm, ich helfe dir schleppen. Ist bestimmt 'n Kleinkaliber drin, ne? Am liebsten würde ich ja mit dir mitfahren. Ich wollte schon immer mal die Reichshauptstadt sehen.«
Sehnsüchtig blickt er auf meinen Koffer. Offenbar hat er schon seit längerer Zeit Fernweh. Dann klopft der Nazi mir freundschaftlich auf die Schulter und sagt: »Na ja, wenn die Käsefresser kommen, meld ich mich eh freiwillig. Dann sehen wir uns bestimmt wieder. Dann können wir zusammen Fisch verkaufen und ziehen den Schweinen das Geld aus der Tasche. Gib mal dei-

ne Handynummer. Können wir mal telefonieren. Das wird supiknorki-torki. Lol.«
Er holt sein Handy heraus, um meine Telefonnummer zu speichern.

Ganz ehrlich: Was macht man da?
Ich entscheide mich für einen desillusionierenden Moment. Hilfsbereitschaft hin oder her – dieser Kuschel-Nazi hier muss auch mal mit der Realität konfrontiert werden.
»Hör mal«, sage ich. »Ich danke dir fürs Bahnhofzeigen und Taschetragen, aber – es ist so: Ich bin hier in deiner Stadt, weil ich ein zumindest in Teilen eher linkslastiges Kabarettprogramm aufführe. Davon lebe ich. Fisch verkaufe ich schon seit Jahren nicht mehr. Und während der gesamten Zeit, die ich als Büffetkraft im Nordsee-Fischgewerbe verbracht habe, wurde nicht ein einziger Cent der Einnahmen für den Panzerbau abgegeben. Das hoffe ich jedenfalls. Ich trage keine Waffen, und in der Tasche da ist auch kein Kleinkaliber, sondern ein Keyboard in einem schlagerfarbenem Creme-Ton, das ich manchmal, wenn ich etwas übermütig bin, umhänge, um damit Thomas Anders zu imitieren. Meine Handynummer kann ich dir nicht geben, weil ich es verhindern will, dass wir beide, nachdem wir uns gleich voneinander verabschiedet haben, jemals wieder in Kontakt treten. Das liegt nicht an dir persönlich, sondern an deiner problematischen politischen Gesinnung und der Tatsache, dass es mir ein kleines bisschen schwerfällt, dir zuzuhören, weil du in regelmäßigen Abständen den Begriff ›knorki-torki‹ benutzt, was mir ehrlich gesagt in den Ohren schmerzt wie das Kratzen von Fingernägeln über eine Styroporverpackung. Nix für ungut.«
Dann nehme ich dem Nazi meine Tasche ab. Er guckt mich ein bisschen traurig an.
»Da ist kein Kleinkaliber drin?«, fragt er.
»Nein«, antworte ich. »Tut mir leid. Nur das Umhängekeyboard.«

Dann lacht er laut.

»Hätte mich eigentlich auch gewundert bei so 'nem Brillen-Schwuli wie dir. Scheißescheiße. Kabarettprogramm. Du bist ja ein Kaliber. Wenn ich mal in der Reichshauptstadt bin, dann gehen wir zwei schön einen zusammen saufen. Knorki-torki. Thomas Anders. Lol.«

Ich gehe Richtung Gleis 1.

Er winkt. Ich winke zurück.

Er macht pantomimisch ein Gewehr nach und schießt damit in die Luft und auf den einfahrenden Zug. Ich steige ein.

Der Zug fährt nicht gleich los, und ich sitze im Abteil und bin zum allerersten Mal seit Beginn dieses ganzen Nazi-Terror-Medien-Ereignisses wirklich beunruhigt.

Das ist mir bei den ganzen Zwickauer Verbrechern auf den Bild-Zeitungstitelseiten bisher nie so gegangen. Die wirken ja immerhin so abschreckend, dass sie den Leuten Angst einjagen. Und das ist auch gut so.

Aber dieser fröhlich-hilfsbereit-sympathische oberbayerische Locken-Nazi hier, der ist anders. Der hat irgendwo etwas Massentaugliches an sich. Wie ein rechtsextremer Schlagersänger von nebenan. Das ist ja viel gefährlicher.

Zum Glück ist der hier so blöd. Alles andere wäre richtig schlimm.

Aus dem Fenster sehe ich, wie er am Taxistand auf einem imaginären Umhängekeyboard *Modern-Talking*-Songs spielt und dabei mit seiner Dauerwelle wedelt. Dabei ruft er mehrfach »Sieg Heil!« und hebt dazu den rechten Arm.

Danach kauft er sich ein Eishörnchen mit Sahne, scherzt mit dem Verkäufer und hilft einer älteren Frau mit ihren Einkaufstüten über die Straße.

Er ist bestimmt hier in der ganzen Stadt richtig beliebt. Und das, muss ich sagen, jagt mir wirklich Angst ein.

Das Hühnchen

»Und wenn's umfällt, dann schafft's es irgendwie, sich wieder aufzurappeln, und tanzt einfach weiter ...« Cora war ganz aus dem Häuschen. Aber ihr Bruder Martin, der Spacko, hatte einfach keine Ahnung von überhaupt nix.
»Das ist nur Plastik-Scheiße, das Viech«, sagte er. Brudermäßig.
»Nein, das ist echt wirklich richtig lustig«, versuchte Cora es noch mal mit mehr Wörtern. »Ich geh jeden Tag da hin und guck's mir an. Und ich muss immer ganz laut lachen. Jedes Mal. Das bringt's echt immer volle Kanne wirklich total.«
Martin war nicht zu überzeugen. »Plastik-Scheißdreck«, sagte er und ging sich Zigaretten holen. »Dann musse es halt zocken.«
»Ich zock nich«, sagte Cora.
Aber genug Geld hatte sie natürlich auch nicht.
Und Mama fragen ging nicht, die hatte ja selber keine Kohle. Und für Papa sollte das Hühnchen ja sein. Weil der nämlich Deperssionen hatte und mal 'ne Aufheiterung brauchte, dachte Cora. Ganz dringend brauchte er die sogar. Da war sie sich ziemlich sicher.
Mit dem konnte man nämlich überhaupt nix mehr anfangen. Der saß immer nur noch rum und guckte. Aber so, wie wenn er einen gar nicht sieht. Sonst machte der gar nix mehr. Darum ja auch das Hühnchen.
Das, da war sie sich tausendprozentig sicher, würde es voll bringen.
Das Hühnchen war ungefähr so hoch wie 'ne DVD und gelb und rund und mit Batterien. Und es hatte zwei Flügel, und wenn man auf den einen draufdrückte, dann schrie es laut: »Heeeya!

Rock'n'Roll Paaaaarty«, und lachte, dann kam schnelle Musik, und schon tanzte es los. Das war super. Das war 'n super Hühnchen insgesamt. Bei so was musste einfach jeder lachen.
Wenn Martin, der Spacko, sich das Hühnchen wenigstens mal angeguckt hätte, dann hätte er ihr das Geld auch auf jeden Fall gegeben. Aber der wollte ja lieber Bier saufen gehen, der Idiot.
Cora war elf Jahre alt. Und mit elf Jahren hat man halt nicht mal eben so zehn Euro übrig, dachte sie sich. Martin war siebzehn und machte 'ne Ausbildung zum Maler-Lackierer. Der hatte Geld. Papa war achtundvierzig und arbeitslos. Der hatte Deperssionen. Sagte Mama. Die war fünfundvierzig und immer am Heulen. Und so konnte das insgesamt nicht bleiben, dachte Cora.
Darum das Hühnchen.

Das Hühnchen gab es bei Galeria Kaufhof in der Karnevalsabteilung, genau genommen zwischen der Karnevalsabteilung und der Spielzeugabteilung auf so 'nem Einzeltisch. Nach der Schule war Cora oft im Kaufhof, weil man da so schön gucken konnte, was man sich wünschen kann, wenn Papa wieder Arbeit hat. So gingen nämlich die Gespräche mit Mama immer:
»Wann krieg ich 'nen Hund?«
»Wenn Papa wieder Arbeit hat.«
»Wann krieg ich 'ne Playstation?«
»Wenn Papa wieder Arbeit hat.«
»Kann ich Gitarre lernen?«
»Wenn Papa wieder Arbeit hat.«
»Wann krieg ich 'nen MP3-Player?«
»Wenn Papa wieder Arbeit hat.«
Immer das Gleiche.
Da hatte Cora mittlerweile schon 'ne ordentliche Liste zusammen für den Tag, wenn Papa wieder Arbeit hat. Das Hühnchen stand da aber nicht drauf. Das musste ja vorher angeschafft werden. Damit Papa mal lacht und überhaupt mal wieder aufsteht und so ...

Weil, wie sollte der denn überhaupt wieder arbeiten gehen, wenn er immer auf'm Stuhl sitzt und durch die Wand guckt? Is ja auch logisch irgendwie.
Darum halt das Hühnchen.
Aber kauf mal 'n tanzendes Hühnchen ohne Geld. Cora hatte insgesamt noch 3,70 Euro.
Muss ich eben handeln, dachte sie sich.
Als noch alles normal war, da waren sie mal 'n Auto kaufen gewesen. Gebraucht. Da hatte sie sich das abgeguckt. »Bei diesen Verkäuferfritzen«, hatte Papa erklärt, »musst du auftreten wie ein Geschäftsmann. Nur nicht zu viel Begeisterung zeigen. Und am besten findeste am Auto 'n Kratzer, dann kannste die Typen ordentlich runterhandeln ...«

Und so stand sie nun zwischen der Karnevals- und der Spielzeugabteilung der Galeria Kaufhof vor der Verkäuferin Birgit Kalverkamp – die eisenharte Geschäftsfrau Cora Mühlmann, elf Jahre alt, mit der Ersatzbrille ihrer Mutter auf der Nase und einem Block in der Hand, um geschäftsmäßiger auszusehen – und sagte: »Entschuldigen Sie bitte. Ich interessiere mich für Ihr Hühnchen da vorne.«
»Welches Hühnchen?«
»Na, das da vorne, das gelbe – ich finde es, äh, ganz putzig irgendwie.«
»Aha.«
»Nur der Preis scheint mir, nun ja, ein wenig zu hoch zu sein für ein so klitzekleines Hühnchen.«
»Soso.«
»Außerdem ist es gebraucht. Jeder, der hier reinkommt, drückt da drauf und deshalb ist es schon ganz abgenutzt. Und am Schnabel habe ich einen Kratzer gefunden.«
»Sieh an.«
»Ja. Und ich finde, wir sollten am Preis noch was machen.«

Birgit Kalverkamp musste lachen.

»Hör mal, Kleine. Die Einzige, die hier seit zwei Wochen jeden Tag vor dem Huhn da steht und da draufdrückt, bist du. Ich hab in der Zwischenzeit sogar schon mal die Batterien wechseln müssen. Und der Schnabel hat wahrscheinlich 'nen Kratzer, weil's dir letztens mal vom Regal runtergetanzt und auf'n Boden gefallen ist. Dann hast' es ja wieder aufgehoben und richtig hingestellt, da hab ich ja nix gesagt. Aber wieso zum Geier sollte ich dir das Hühnchen jetzt auch noch billiger geben?«

Da wusste Cora nicht mehr weiter. Und fing an zu heulen wie ihre Mutter immer. Und dann erzählte sie der Verkäuferin von ihrem Bruder, dem Spacko, ihrer Mutter und ihrem Vater und den Deperssionen und von dem Hund und dass ihr Papa endlich mal wieder aufstehen muss und dass sie Gitarre lernen will und dass ihr Papa Arbeit braucht und von der Liste mit den ganzen Wünschen und dass sie nicht zocken will und alles halt.

Und Birgit Kalverkamp verkaufte ihr das Hühnchen für 3,70 Euro und sagte zu Cora, sie solle bloß auf dem Heimweg die Brille absetzen, damit sie nicht hinfällt.

Dann legte sie einen Zehneuroschein in ihre Kasse und drückte zum ersten Mal seit sicherlich fünfundzwanzig Jahren die Daumen dafür, dass hin und wieder vielleicht doch mal ein ganz kleines, gelbes, tanzendes Wunder geschieht.

Das Paket

Unter Neumanns Nordmanntanne
liegt ein Päckchen für Susanne,
ein Geschenk für Tante Anne
und dann noch 'ne ganze Wanne
voller Briefumschläge und
ein rosa Snackball für den Hund.

Dann ein Bosch-Elektrohammer
für den Papa und für Mama
eine Allesschneidmaschine
und 'ne Wii für die Sabine,
Trüffelrumpralinen und
Royal Canin zum Fest für'n Hund.
Und dann gibt's noch ein Großpaket,
auf dem bloß kein Name steht.

Und jeder denkt sich:
Was ist das denn?
Was'n das für 'n Riesenkasten?
Jetzt mal ehrlich – so 'n Kawenzmann
liefern se beim Cirkus Renz an,
und dann sind da Pumas drin.
Aber wo stellst du das hin?

Mann, so 'n Oschi geht ja kaum
zur Rückfahrt in 'nen Kofferraum.

Nicht mal bei geklappten Sitzen!
Und jedermann gerät ins Schwitzen
und betet: »Bitte, hoffentlich
ist das Ding da nicht für mich.«
Einzig Oma Lisbeth lacht:
Die hat die Kiste mitgebracht
(gemeinsam mit 'nem ob der Placker-
-ei fluchenden Möbelpacker).

Und so steht sie auf und geht
zum Kasten und sagt: »Dies Paket
ist mein Geschenk an alle hier:
'ne Marmorstatue von mir.
In etwa lebensgroß, massiv
und siebzig Zentimeter tief,
knapp dreihundert Kilo schwer
mit Kupfersessel, bittesehr!«

Dann setzt sie sich und lächelt leise
und alles denkt sich: Ach, du Scheiße.

Jeder guckt zum Nachbarn rüber.
Jeder sagt sich: Wär'n wir lieber
dies Jahr Weihnachten verreist!
Jeder weiß, was Panik heißt.
Jeder sieht entgeistert aus
und fragt sich: Wie komm ich hier raus?
Jeder wünscht sich weit, weit weg,
und Papa sucht sich ein Versteck.
Und auf jeder Stirn im Raum
steht »Wofür?!?«, und selbst der Baum
scheint näher an die Tür zu rücken,
um sich heimlich zu verdrücken,

bis Oma dann erneut aufsteht
und wieder hingeht zum Paket,
wo sie folgendes Gedicht
festlich in die Runde spricht:

»Wenn ich mal ins Heim komm, da
habt ihr ja noch die Stein-Oma,
die als Wanderpokal dann
die Wohnung jährlich wechseln kann.

Zur Weihnachtszeit
am Heil'gen Abend
sitzt sie still an Eurem Gabent-
isch im Kerzenrauch
und den Rest des Jahres auch.

Bis zu Nikolaus, denn dann
ist jedes Jahr wer anders dran.

Wie war der schöne Satz gleich nomma?
›Wer kriegt dieses Jahr die Omma?!?‹
Wenn ich mal ins Heim muss, da
wird dieser Ausspruch endlich wahr.

(Und bis dahin steht se immer
bei mir zu Haus im Badezimmer.)
Das schreib ich auch ins Testament.
Ihr wisst, ich bin da konsequent.«
Nach dieser Aussage entspannten
sich zwar ein bisschen die Verwandten,
doch sah man noch beim Quizspiel-Spielen
so manchen heimlich rüberschielen

zur Lisbeth-Statue aus Stein,
und mancher dachte wohl an sein
Treppenhaus und Umzugswagen
mehr als an die Quizspielfragen,

denn beim Trivial Pursuit
war'n alle nur noch halb so gut
wie sonst, und gegen zehn gewann
der fünfjährige Hendrik-Jan.

Und Oma kam nie in ein Heim!
So gingen sie ihr auf den Leim.

Denn als sie zwanzig Jahre später
zufrieden und mit Sanitäter
im eigenen Heim verstorben war,
da öffnete der Haus-Notar
die Kiste, die im Badezimmer
aufgestellt war so wie immer,

und stellte fest, dass diese leer war
bis auf 'nen Safe, der groß und schwer war
und der zehn Oma-Lisbeth-Büsten
enthielt, die alle fröhlich grüßten,
Gewicht so knapp ein Kilo und
ein Lisbeth-Fressnapf für den Hund.

Und an der Safetür-Innenwand,
da hing ein Zettel, auf dem stand:
»Kinder, ich hab so gelacht!
Weihnachten ist, was man draus macht.«

Nachwort

Meine Tageszeitung zitiert heute den berühmten Satz Wilhelm Buschs: »Dumme Gedanken hat jeder, aber der Weise verschweigt sie.«
Das möchte ich mir jetzt mal zum Vorbild machen und hier fünfzig dumme Gedanken nacheinander verschweigen:

(...)

(...)

(...)

So schnell geht das. Das Verschweigen dummer Gedanken verbraucht nur wenige Sekunden. Und passt damit auch deutlich besser zur allgemeinen Zeitknappheit als die unzähligen Wortgewitter, denen man täglich so ausgesetzt ist. Man lässt eben schneller mal 'ne größere Menge Unsinn unausgesprochen, als sie bei Twitter zu versenden oder dem jeweiligen Sprecher ins empfangsfreudige Blöckchen zu diktieren. Darum hier mein zeitgemäßer und energiesparender Tipp: Einfach mal auf Wilhelm Busch hören, Klappe halten, weiser werden!
Ob man jetzt nichts in Worte packt oder in seiner schönsten Schlichtheit einfach nichts sein lässt, da gibt's halt doch Unterschiede, zumindest klangliche. In »Doktor Murkes gesammeltes Schweigen« lässt Heinrich Böll seine Hauptfigur beim Radiosender das Schweigen aus Tonbändern herausschneiden, um es sich abends zur Entspannung anzuhören. Davon halte ich eine ganze Menge. Zum Beispiel käme mir das Hörbuch »Oliver Kahn liest seine Autobiographie« nie in die Ohren. Das Hörbuch »Oliver Kahn liest seine Autobiographie nicht« (Laufzeit: zwei Stunden) würde ich mir aber mit Begeisterung immer wieder komplett anhören. Vielleicht ist das ja eine Marktlücke?
Wer wünscht sich nicht eine Doppel-CD, auf der Dieter Bohlen mal hundertvierzig Minuten lang die Fresse hält? Oder das Hörbuch »Ina Müller schweigt. So haben wir sie noch nie gehört«. Und wenn dann erst mal genug Prominente auf den Trichter gekommen sind, gibt's vielleicht auch mal wieder 'nen Stummfilm. Mit Til Schweiger. Oder Christine-Neubauer-Filme, in de-

nen die Landschaft auch die akustische Hauptrolle spielt.
Vielleicht schließt sich sogar die Kanzlerin dem Trend an und macht ihren jetzigen Regierungssprecher zum Regierungsschweiger. Weniger sagen würde er dadurch auch nicht, und die Gesamtweisheit der Regierungshandlungen könnte so schlagartig gesteigert werden. Obwohl da wohl noch eine kleine Ergänzung zu Wilhelm Busch notwendig würde:
»Dumme Gedanken hat jeder, aber der Weise setzt sie nicht in Handlungen um.«
Schweigen wäre aber schon mal ein schöner Anfang, finde ich.

Und noch mal zwanzig:

(...)

Geht ratzfatz!

Bis die Tage,
Matthias Reuter

UND? WAR DAS BUCH WAS?
ICH HAB'S JA SELBST NICH GELESEN, ABER MICH
INTERESSIERT IRGENDWIE SCHON, WAS DIE MITARBEITER
SO MACHEN. WAREN DA LEERE SEITEN AM SCHLUSS?
SAGT MIR RUHIG BESCHEID, WENN DER TYP SICH
UM DIE ARBEIT DRÜCKT! EINFACH NE MAIL AN DEN
VERLAG, DIE LEITEN DAS DANN WEITER UND - ZICKZACK -
IST DER NÄCHSTE WARME PULLOVER GESTRICHEN!

UND WENN IHR JETZT OHNE BUCH GAR NICHT MEHR KLAR
KOMMT, DANN BLÄTTERT MAL UM. ICH HAB NOCH MEHR
PFERDCHEN AM LAUFEN, FREUNDE. IST JA AUCH NE SCHANDE,
WAS HEUTE FÜR NEN TRINKBAREN COCKTAIL SO GENOMMEN WIRD.
ALSO DANN. MAN SIEHT SICH. KRIEGT EUCH NICHT IN DIE WOLLE UND
SAUFT NIX OHNE SCHIRMCHEN. UND FINGER WEG VON
SYNTHETISCHEN FASERN ALLER ART! BIS DIE TAGE.

Überall erhältlich und bei www.satyr-verlag.de

PANORAMEN DES WAHNSINNS!

Christian Bartel ist ein Ausnahmeathlet. In einer stürmischen Novembernacht hat er sich aus abgelaufenem Joghurt, einem alten C64-Prozessor und zwei Zentnern Hack selbst zusammengebaut und aus Jux zum Leben erweckt. Seitdem schreibt er Geschichten, Glossen und Satiren, die allesamt ebenso nah am Wahnsinn gebaut sind wie am Leben.

Nacktbilder verleiten Jungs zum Einbruch in einen Kiosk, überforderte Väter fliehen vorm Herrscher von Megara, Paare übertrumpfen sich in brünstigem Sexgeheul ... Christian Bartels Geschichten sind stets pointendicht, aber zugleich vielschichtig und anspielungsreich.

»**Extrem komisch, ein echter Meister der humorvollen Übertreibung, erfrischend politisch unkorrekt**« (Thomas Koch/WDR2)

Christian Bartel
GRUNDKURS WELTHERRSCHAFT. BEKENNTNISSE
EINES AUSNAHMEATHLETEN.
160 S., broschiert, 11,90 EUR, ISBN 978-3-944035-05-5